© SUDARENES EDITIONS

ISBN : 9782374640426

Dépôt légal : Second Semestre 2016

www.sudarenes.com

LE MENSONGE

Christian IACONO

« Au plus noir de notre nihilisme, j'ai cherché seulement les raisons de dépasser ce nihilisme. Et non point par vertu, ni par une rare élévation de l'âme, mais par fidélité instinctive à une lumière où je suis né et où depuis des millénaires, les hommes ont appris à saluer la vie jusque dans la souffrance. » (III.606)

Albert Camus

Le 10 juillet 2000 à 9 heures du matin, ma vie s'est arrêtée. C'était ma 65e année.

65 ans d'une vie largement remplie, depuis mon enfance dans les ruelles de Skikda, jusqu'à ces dernières années comme premier magistrat de la ville de Vence.

65 ans pour construire et consolider une famille, éduquer mes enfants, s'entourer d'amis.

65 ans pour faire ma place dans un monde compliqué, en pleine mutation et en plein doute.

65 ans de respect des institutions de mon pays, de foi dans ses valeurs démocratiques.

Toutes ces années d'action, d'épreuves, de succès et d'échecs à tenter de bâtir une vie d'homme, une vie que je voulais exemplaire pour mes enfants et petits-enfants, ont été rayées, niées, supprimées, anéanties par une accusation infâme, la plus infâme qui soit à mes yeux. Celle sortie de la bouche de l'enfant que j'aimais le plus au monde, de Gabriel, mon petit-fils.

J'ai plus de 80 ans maintenant. La Justice m'a enfin acquitté et reconnu innocent.

Gabriel a avoué qu'il avait menti et avait porté le poids de ce mensonge pendant des années. Une charge bien trop lourde pour un gamin, une charge qu'il n'a pu renverser qu'en devenant un adulte, un homme, un père de famille.

C'est ce long chemin, celui que j'ai dû suivre jour après jour, nuit après nuit, pendant ces 15 années, que je veux faire connaître, à chacun de vous.

1

Afin que l'on ait bien conscience que, même dans ce pays, qui a inventé les droits de l'homme et du citoyen, qui clame haut et fort son souci constant de justice, l'innocent peut être condamné, emprisonné, détruit.

LA COUR DE REVISION
18 FEVRIER 2014

Un simple banc au fond de la vaste salle et me voilà assis entre mes deux avocats habillés de leur robe noire. Je suis silencieux, muet, indifférent au décor flamboyant, aux tapisseries murales, au plafond décoré, à tous les meubles en bois verni, aux petites lampes qui éclairent d'une lumière douce la salle. Seule m'intéresse, tout à l'autre bout, l'estrade où vont apparaître dans un instant la Cour de Révision, les magistrats et le Président.

Seul, seul dans mes pensées. Me voilà dans ce Palais de Justice de Paris, dans la première chambre criminelle de la Cour d'Appel, dans cette enceinte qui a accueilli tant de célébrités venues entendre prononcer ou confirmer leur condamnation. J'attends ce moment exceptionnel dans ma vie, ce moment où le Président de la Cour entre et lit le délibéré ; les quelques mots qu'il prononce peuvent rejeter ma demande de révision du procès et confirmer ma condamnation à 9 ans de prison pour viol de mon petit-fils Gabriel ou annuler le verdict de la Cour d'appel d'Aix en Provence et me renvoyer pour un troisième procès devant une autre Cour d'Assises.

Je tourne la tête. Derrière moi, les journalistes sont là, se pressant les uns contre les autres, leurs appareils à la main. Seul, au milieu d'eux, le visage de ma fille, Cécile. Ce petit visage qui m'accompagne à chacune de mes épreuves depuis 14 ans, un sourire aux lèvres, un peu forcé tant se devine sur ses traits l'inquiétude. Un petit geste de tête pour m'encourager, pour me dire de ne pas "craquer", de tenir, quelle que soit la décision de la Cour, tenir comme elle le fait, comme toute la famille le fait, depuis des années.

Le silence est complet, impressionnant. Les appareils photo, les caméras, les micros sont maintenant rangés. Les journalistes se tiennent cois sous la surveillance d'un appariteur. L'attente se prolonge, interminable, éprouvante pour les nerfs.

Mes yeux fixent les sièges des magistrats là-bas, tout au fond. Pourquoi cette distance entre les juges et l'accusé ? Est-ce volontaire ? Est-ce une vieille tradition ?

La tension est forte. L'instant est empreint d'une grande solennité. Tout cela, le décor, le silence, les médias, tout cela me pèse, m'écrase. Mais il faut, malgré tout, garder la tête haute. Il en va de mon honneur, de celui de ma famille. Ma fille qui est là, au milieu des journalistes, attend ce moment depuis 14 ans, le moment de vérité, et espère qu'enfin la Justice admette l'innocence de son père. Toutes ces années de souffrance, de calomnies, de souillure, seront peut-être adoucies par les quelques mots que prononcera le président, ou aggravées définitivement pour me laisser finir mes jours dans cet univers carcéral que j'ai déjà connu à quatre reprises.

Vite, Monsieur le Président, ne nous faites plus attendre, ne nous faites plus souffrir. Depuis le 10 juillet 2000, pas un jour, pas une nuit sans un retour par la pensée vers cette accusation, immonde et ignoble accusation. Cela fait près de quatorze ans, quatorze années de vie gâchée, perdues à tout jamais. Quatorze ans à assister, impuissant, à l'effondrement de toute ma vie, à la perte de toutes mes activités professionnelles et sociales. Oui, Monsieur le Président, la Justice a détruit tout mon passé, a sali mon présent et va, peut-être, anéantir mon avenir. Une telle accusation, si elle n'est pas révisée, serait une nouvelle forme d'assassinat, l'anéantissement d'une vie humaine, tout en gardant les mains propres.

Ça y est, on devine au fond de la salle, une petite agitation. J'aperçois quelques robes noires. Les magistrats de la Cour entrent et montent sur l'estrade. Je me lève, toujours encadré par

4

mes deux avocats. Le président nous demande de nous asseoir. Sa voix est faible et me parvient avec peine. La lecture du délibéré commence :

« Vu…

« Attendu…

« Attendu…

Je n'entends pas parfaitement le texte et je n'essaie pas de comprendre. Mais, à un moment, je sens la main de mon avocat à ma gauche qui vient presser mon genou. Je comprends que la décision de la Cour nous est favorable. Je retiens ma respiration, serre les mâchoires, garde une parfaite immobilité, apparemment impassible.

C'est confirmé. Le verdict du procès d'Aix est annulé. Il y aura un nouveau procès à Lyon. La Cour se retire. La porte d'entrée de la Chambre s'ouvre. Les journalistes, les photographes, les cameramen se précipitent pour occuper la meilleure place.

Mon premier regard est pour le petit visage de ma fille Cécile. Elle me sourit, un sourire éclatant, mais aussi quelques larmes qui perlent aux paupières. Je n'ai qu'une hâte, la serrer fort dans mes bras. Une foule de journalistes nous séparent. L'appariteur fait sortir dans le grand couloir tous les médias qui se précipitent sur mes avocats. Et nous nous retrouvons, Cécile et moi, seuls dans le petit hall. Nous tombons dans les bras l'un de l'autre. Les mots ne sortent pas tant les gorges sont nouées par l'émotion. Nous sommes seuls au monde, heureux, si heureux. Le moment est trop fort. Les deux secrétaires, impressionnées par le tableau que nous offrons, nous proposent de sortir par une porte dérobée. Je refuse. J'ai tant envie de prendre à témoin le monde entier de notre victoire après une lutte de 14 années, une victoire de la vérité, une victoire de l'innocence. Tout n'est pas fini, mais je suis convaincu que nous allons enfin voir le bout du tunnel.

C'est main dans la main que Cécile et moi descendons les grandes marches du Palais de Justice, le sourire aux lèvres, le regard haut, tourné vers le ciel parisien avec une folle envie de crier, de chanter aux accusateurs, aux calomniateurs, aux incapables qui nous ont traînés dans la boue.

On a gagné ! On a gagné !

Nous ne l'avons pas encore gagné ce combat contre le mensonge, contre la souillure, mais une lumière est apparue au fond du puits, avec l'espoir de remonter vers le soleil, ce soleil qui nous réchauffait de ses rayons, il y a 14 ans, le premier janvier 2000, sur la place du Grand Jardin de Vence.

Le Soleil du nouveau millénaire

Ce premier janvier de l'an 2000, je suis sur la place centrale de Vence, au milieu de nombreux Vençois, attendant que le photographe de Nice-Matin qui est monté sur la terrasse d'un immeuble voisin, trouve le bon angle pour faire la photo, celle de l'évènement : le premier jour du troisième millénaire.

Le petit Adrien, mon second petit-fils, est juché sur mes épaules. Ma fille Cécile m'accompagne ainsi que mon épouse Jeanine et mon père. Le ciel est d'un bleu pur. Et les sourires sont sur tous les visages.

Dans deux jours l'affiche paraîtra. « J'y étais », dira-t-elle. Nous y étions toute la famille, le regard tourné vers le ciel, vers le bleu azur, vers notre avenir, le cœur rempli d'espoir.

Pourquoi ne serions-nous pas optimistes ? J'ai une situation sociale confortable. Maire de Vence depuis 1989, Président de la Communauté de communes Provence d'Azur, suppléant du sénateur Laffitte, mon avenir politique semble tout tracé.

Nous habitons une belle villa avec piscine et un vaste jardin. Ma fille est pharmacienne diplômée et envisage l'acquisition d'une officine. Elle a un magnifique enfant de 18 mois, Adrien, et un nouveau compagnon, passionné comme elle d'équitation.

Quant à mon fils, Philippe, il est médecin dans le laboratoire Bohringer à Reims. Il a un enfant, Gabriel, âgé de 9 ans. Son mariage avec Élisabeth, la mère de Gabriel, n'a pas résisté à l'installation du couple à Reims et le divorce doit être prononcé dans quelques mois.

Seule ombre au tableau familial, les reproches que me fait mon fils Philippe depuis son adolescence. Le dernier reproche, le plus violent, portait sur l'éducation de Gabriel, et s'est terminé par une rupture et un conflit familial sérieux. Nous avons été interdits de recevoir Gabriel. Après des mois d'hésitation et un blocage des parents, nous avons été contraints de demander à la Justice de faire respecter nos droits de visite. Ce qui est obtenu un an plus tard. Nous pouvons désormais recevoir notre petit-fils, deux semaines par an, depuis l'été 1997.

Vacances au ski

Il nous faut préparer les vacances de février. En effet, nous avons l'intention, Jeanine et moi, d'emmener les deux cousins, Adrien et Gabriel, avec nous à Auron, une station de ski à 90 kilomètres de Vence, dans l'arrière-pays niçois. Dans ce petit appartement où nous emmenions régulièrement nos deux enfants, Philippe et Cécile, nous allons recevoir les deux petits cousins, Adrien (18 mois) et Gabriel (9 ans). Cela nous rappellera de vieux souvenirs !

Gabriel débarque à Nice début février. Sans perdre de temps, nous prenons le chemin d'Auron avec les deux enfants. Nous nous installons dans le petit deux pièces. Nous équipons le plus grand qui va skier avec moi pendant six jours, lui louons des skis… Mais Gabriel se révèle particulièrement désagréable pendant ce court séjour. Il "râle", "boude", n'obéit pas. Je n'arrive pas à le faire skier. Je le trouve renfermé et peu affectueux à mon égard. Je m'interroge : est-ce la présence de son petit cousin, Adrien, objet de tous les soins de sa grand-mère ? Est-ce le divorce de ses parents ? Un problème avec son père ? Mais Gabriel ne se confie pas. Il ne parle pas de sa vie à Reims et nous ne l'interrogeons pas. Nous remarquons aussi qu'il n'a reçu aucun appel de ses parents pendant tout son séjour.

Mais ce qui m'a le plus marqué, c'est la remarque qu'il m'a faite la veille de son départ. Nous étions tous les deux côte à côte sur le télésiège. Le ciel était d'une pureté parfaite comme il l'est quelquefois en montagne. À nos pieds se déroulait un immense tapis blanc parcouru par les skieurs aux couleurs vives. La neige étouffait tous les bruits. Gabriel me dit soudain en poussant un grand soupir : *« Comme la vie est belle ici ! »* Cette phrase d'un gamin de 9 ans, le ton, le soupir, tout cela me laissa songeur, muet. Je sentais chez lui une grande souffrance cachée, enfouie en lui, qu'il ne voulait pas ou ne pouvait pas exprimer. Je le réconfortais en parlant de l'avenir, des retrouvailles avec ses copains à Reims. Mais je sentais bien que cela ne servait à rien. C'était un enfant en souffrance et j'étais désarmé, impuissant. Je me promettais de l'appeler plus souvent mais son père avait dicté une règle absolue : ne téléphoner qu'un dimanche sur deux, et toujours en sa présence. Que faire ? Le cœur gros, je regardais ce petit bonhomme prendre l'avion qui le ramenait à Reims, vers cette vie qui semblait l'inquiéter, le tourmenter. Comprendre sa peine, partager ses soucis, pouvoir le rassurer, l'aider ? Encore aurait-il fallu qu'il me parle, qu'il nous parle, mais il restait muet sur sa vie à Reims et nous n'osions l'interroger ! Nous comprendrons mieux son attitude dans quelques mois.

Le divorce des parents

Quelques semaines plus tard, au mois de mars ou avril, j'appelle Gabriel, en téléphonant comme d'habitude à sa mère. J'entends sur le répondeur la voix d'Élisabeth qui m'informe que le divorce a été prononcé et que dorénavant nous ne pourrons plus joindre notre petit-fils en appelant chez elle. *« Vous n'avez qu'à appeler chez son père »,* dit-elle d'un ton sévère, manifestement en colère !

J'essaierai par la suite de joindre Gabriel chez l'un ou l'autre de ses parents. En vain.

Je retiens cependant la place d'avion pour Gabriel, un aller-retour accompagné depuis Reims, qu'il faudra annuler quelques semaines plus tard.

Le coup de téléphone

Les mois de mai et juin sont difficiles pour moi. Les réunions se multiplient, les assemblées générales, les fêtes des écoles. Je suis épuisé et ai besoin de m'échapper de Vence, quelques jours. Cela tombe bien. Quelques amis, passionnés de golf, me proposent de passer deux jours avec eux sur le parcours de Divonne les Bains.

J'organise mon agenda pour me libérer jeudi 6 et vendredi 7 juillet.

C'est ainsi que je passe 48 heures près du lac d'Evian, loin de tous les soucis habituels de Mairie. Le cadre est magnifique. Les amis sont sympathiques. Le second jour, alors que le parcours de golf est achevé, nous nous installons, mes amis et moi, à l'ombre des platanes pour déjeuner. Nous avions en mémoire un petit incident survenu la veille.

En effet, au moment de passer à table, Aldo, l'un des golfeurs, avait déclaré sur un ton sérieux : « *Non, nous ne pouvons pas manger !*

— *Qu'y a-t-il, Aldo ?*

— *Compte, nous sommes treize.*

—*Tu nous embêtes, tu ne vas pas nous dire que tu es superstitieux à ce point ?*

—*Eh bien, si. Moi je ne mange pas.* »

Alors nous avons séparé la table en deux et ainsi Aldo accepta de faire honneur au repas. Mais ce vendredi, est-ce la fatigue du parcours, est-ce l'ambiance festive ou l'euphorie après ces deux jours de vacances… bref, nous ne fîmes pas attention au nombre de convives. Arrivés au dessert, Bernard, l'œil taquin, apostrophe Aldo : « *Alors, Aldo, tu as bien mangé ?*

— *Oui, très bien !*

— *Tu as vu combien on était à table ?* »

Nous comptons… treize ! Le visage d'Aldo s'assombrit. Il serre les lèvres, vraiment mécontent et nous tous d'éclater de rire.

C'est à ce moment que ma secrétaire m'appelle sur mon portable, toujours rassurante : *« Tout va bien, ici à Vence, monsieur le Maire. Tout est calme. Je n'ai rien à signaler… Sauf, peut-être, la visite de deux inspecteurs de la Police Judiciaire qui voulaient vous voir tout de suite. Ils m'ont demandé où vous étiez, quand devait avoir lieu le prochain conseil municipal, quel était l'ordre du jour… L'un d'eux a dit qu'il vous avait déjà rencontré, c'est monsieur Bl.. Bref, Frédéric (le Directeur Général des Services de la Mairie) et moi-même, nous les avons renseignés et leur avons donné rendez-vous, lundi matin à 9 heures, avant votre réunion avec les chefs de service.*

— Bien… Mais ils n'ont pas dit pour quelle raison ils voulaient me voir, demandai-je.

—Non. Ils ont dit que ça pouvait attendre lundi, mais monsieur Bl. m'a laissé son numéro de téléphone et vous pouvez le joindre si vous voulez. »

Je note le numéro sur le coin de la nappe ; je finis mon dessert, m'écarte un peu des convives et appelle l'inspecteur Bl.. Une voix aimable me répond : *« Oui, M. Iacono, nous voulions vous voir, mais nous avons rendez-vous lundi matin à 9 heures… Ce n'est pas urgent. Non, rien de grave… »*

Je n'insiste pas et retourne à table pour le café, un peu songeur. J'en fais part à Bernard, mon adjoint depuis plus de dix ans. Il me dit : *« Je n'aime pas trop ça. Surtout quelques mois avant les municipales, ils seraient bien capables de nous faire un coup tordu… »*

Qui ils ? Des opposants politiques ?

Je hausse les épaules et je le rassure : « *Mais non, mon pauvre Bernard, tu deviens parano ! »*

Depuis ce jour, je ne me moque plus des superstitieux qui ne veulent pas être treize à table.

Dernier week-end en famille

Le week-end est assez calme et je le passe dans ma villa, en famille.

Mon père, fatigué et âgé de 86 ans, vient de faire un séjour chez nous, mais son état s'améliorant, il doit retourner dans son appartement dès lundi matin. Et c'est là le sujet essentiel de nos préoccupations.

Je ne parle pas à ma femme de mon rendez-vous avec les inspecteurs de la Police Judiciaire. Je suis convaincu qu'il s'agit d'un problème extérieur à la Mairie. En effet, étant, par mon mandat de Maire, moi-même officier de police judiciaire, je peux être quelquefois consulté par les services de police pour des affaires qui concernent des Vençois.

Tel est mon état d'âme en ce début du mois de juillet 2000. Une satisfaction totale sur le plan social. Ma réélection à la Mairie ne fait aucun doute, ma réussite professionnelle est complète, ma famille est rassemblée autour de moi, à Vence... mais il y a un nuage dans ce ciel bleu et il vient de Reims. On ne se méfie pas assez d'un nuage. On estime qu'au pire il provoquera une averse ou un petit orage. On n'imagine pas qu'il peut engendrer une véritable tornade et bouleverser une vie. C'est ce que je vais vous conter maintenant.

LA TORNADE SUR VENCE

L'INTERPELLATION — 10 JUILLET 2000 — 9 HEURES DU MATIN

Lundi matin, comme à mon habitude, je me rends à la Mairie, ma sacoche de travail à la main.

Je gare ma voiture dans le parking souterrain du centre-ville. Je salue et échange quelques paroles avec des administrés que je croise sur mon chemin. Je grimpe les escaliers qui me conduisent à mon bureau, au premier étage. Là, j'aperçois deux hommes, devant la porte de mon bureau, dans le hall. Je vais vers l'un d'eux dont le visage me semble connu. Je lui tends la main : *« Bonjour, Monsieur B. je suppose ? Je ne vous ai pas fait attendre, j'espère ? »*

Je serre la main du second. *« Je vais vous recevoir, tout de suite. Ma secrétaire n'est pas encore arrivée… Et puis, on ne va pas l'attendre. Suivez-moi… »* Ils me suivent tous les deux. Je pose ma serviette sur le bureau. Je m'assois et les invite à en faire autant.

Ils ne s'assoient pas.

Un de leurs collègues entre dans le bureau et reste en retrait. Je commence à être surpris. Mais sans attendre, M. B. me déclare : *« Voilà, nous avons une plainte contre vous ; elle vient de Reims ; c'est assez grave. »*

Le mot "Reims" me fait comme une explosion dans le crâne : Reims, mon fils Philippe, ma belle-fille Élisabeth, et surtout mon petit-fils, Gabriel ; tous ces problèmes depuis dix ans et qui débouchent maintenant sur une plainte. Lamentable ! Incroyable ! Comment en sont-ils arrivés là ? Après avoir essayé

13

de nous enlever le droit de voir notre petit-fils, après cette procédure judiciaire qui nous avait rendu justice, ils remettent ça. Quand me laisseront-ils en paix ? Écœurement, découragement… J'écoute à peine M. B. qui continue : « *Ils vous accusent de sévices sexuels sur leur enfant.* » Les mots sont trop forts, à peine supportables à entendre, tellement énormes. B. guette ma réaction. Je sors de mon "songe" et je lui dis : « *Oui, et alors ?*

—*Alors nous devons instruire la plainte et nous voudrions faire une visite chez vous.*

—*Oui, bien sûr, quand voulez-vous ?* demandai-je bêtement.

—*Nous allons le faire maintenant.* »

Toujours engourdi dans mes pensées qui sont à Reims, je dis : « *Bien, je préviens ma femme…* » B. arrête mon geste vers le téléphone : « *Non, non, nous allons y aller avec vous.* »

—*Bon,* dis-je en me levant, *que fais-je de ma sacoche ? Je la laisse là et la reprendrai tout à l'heure ?*

—*Non, non, prenez-la avec vous.* »

LA PERQUISITION— 10 JUILLET 2000 — 10 HEURES DU MATIN

Et me voilà, descendant l'escalier de la mairie, encadré d'un inspecteur de police de chaque côté, un autre suivant derrière à quelques mètres. Ces détails me sont revenus à l'esprit par la suite. Sur le moment, j'étais tellement abasourdi que j'obéissais machinalement, presque sans réagir.

Sur la petite place devant la Mairie, j'aperçois d'autres inspecteurs. Deux voitures sont là sur cette place piétonne. On me fait monter à l'arrière de l'une d'elles, un inspecteur à ma gauche, deux sur le siège avant. Le conducteur est une jeune femme, au visage fermé, qui me dit d'un ton sec et péremptoire : *« Indiquez-moi la route ! »*

Nous traversons Vence, descendons la pénétrante et arrivons devant ma villa. J'essaie d'ouvrir, en vain, ma portière. Elle est bloquée de l'intérieur. Je compris par la suite qu'il en était toujours ainsi en cas d'interpellation. Mais j'étais loin de penser qu'il s'agissait d'une interpellation.

Suivi comme une ombre par les inspecteurs, je vais vers l'interphone en expliquant : *« Je préviens ma femme pour qu'elle nous ouvre la porte. »* L'un de ces messieurs se précipite et s'écrie : *« Non, non, attendez ! »*

Je commence à comprendre et je le rassure : *« N'ayez crainte, je lui signale une simple visite. »*

La porte s'ouvre et nous montons ensemble la petite route qui mène à l'entrée de la villa. La porte du garage est ouverte. Je leur dis : *« Nous allons passer par là. »* Les inspecteurs hésitent : ils apparaissent de plus en plus fébriles et moi je suis de plus en plus pressé d'en finir avec cette "histoire ".

Nous débouchons par un escalier dans le hall d'entrée où ma femme arrive à notre rencontre, demandant ce qui se passe.

Je cherche des mots rassurants : *« Ces messieurs viennent faire une vérification à la suite d'une plainte contre moi, venant de Reims. »*

Elle me jette un regard et, dans un grand soupir, s'exclame : *« Ils ont osé !! »*

Mais la perquisition s'organise. Certains vont avec ma femme. D'autres restent avec moi. Ils mettent tout sens dessus dessous. Mon bureau, mes dossiers, ouverts, jetés en vrac. La petite inspectrice est particulièrement agressive, acharnée. Elle découvre dans mes affaires un article imprimé à partir du CD-Rom du Monde Diplomatique de Denis Duclos qui parle de l'enfance maltraitée. Immédiatement : *« Qu'est-ce que c'est cela ? »*

J'explique que j'utilise régulièrement ce CD du Monde Diplomatique, que cela me donne quelquefois des idées pour mes discours… Pièce à conviction.

Ils envahissent notre chambre. Sur un petit secrétaire, sont empilés des journaux, des magazines, que je dois toujours lire mais que je n'ai jamais le temps de lire. Il y a deux vieux numéros du Monde. L'inspectrice se déchaîne ; elle feuillette à toute volée le premier numéro et tombe en arrêt devant un article relatant le procès de l'abbé Keller. Elle se tourne, triomphante, et montre le titre à son chef. Puis elle se précipite sur l'autre numéro du Monde et son visage s'illumine. Il y a un article sur le code génétique et son utilité en cas de délits sexuels. Je ne peux imaginer un instant que ces deux journaux sont des pièces à conviction. Toute cette agitation m'étourdit, me révulse et m'anéantit en même temps.

En entrant dans la pièce, les inspecteurs m'avaient demandé : *« Avez-vous une arme ? »*

J'ai répondu : « *Oui, j'ai un 22 long rifle qu'un ami m'a offert, il y a des années. Je ne sais pas où il est et ne m'en suis jamais servi.* » Ils le trouvent et s'en saisissent. J'ai une pensée pour cet ami, Jacques, qui avait eu cette fameuse idée de cadeau !

Et puis ma femme leur dit : « *Il y a aussi un pistolet de défense...* » Je l'avais complètement oublié. Ils le saisissent et le mettent dans un sac en plastique. C'est comme dans les films. C'est tellement ridicule tout ce remue-ménage, ces allures de "flics" de feuilletons télévisés, que je ne sais s'il faut en rire ou en pleurer.

Mais ce qui semble le plus les intéresser, ce sont mes cassettes vidéo. Là, ils sont servis. Ma petite salle de télévision en est pleine. Ils ne savent pas par où commencer. Ils en choisissent quelques-unes étiquetées Gabriel ; il y en a bien une dizaine. C'est le récit en images de sa naissance, de ses premiers sourires, des anniversaires, des vacances…

Ils me demandent de les projeter sur la télévision. Cela n'est pas si facile, parce que certaines cassettes ont été tournées avec un caméscope analogique alors que les plus récentes l'ont été avec un caméscope numérique que l'on m'a offert pour mon départ à la retraite. Mais je réussis le tour de force de faire tous les branchements sans faire d'erreur. C'est assez exceptionnel mais aucun ne pense à me féliciter ou à me remercier de leur faciliter ainsi leur travail…

Ils regardent les cassettes sur le poste télé, le plus souvent en faisant défiler la bande en accéléré. Rien d'intéressant apparemment. Je sens la déception dans leurs yeux.

Mais l'inspectrice de la PJ "à qui on ne la fait pas" a plongé la tête sous le meuble qui supporte le poste de télé et ramène, toute fière, le regard brillant d'espoir, deux cassettes VHS. Hélas, trois fois hélas, ce sont des enregistrements de films passés récemment à la télévision.

Les inspecteurs commencent à ramasser leur butin : les armes, les journaux, quelques cassettes. Ils se précipitent sur un jouet "magnétophone» qui se trouve dans la chambre de l'enfant, et sur lequel on peut jouer les contines et ensuite les chanter en s'enregistrant. J'ai compris un peu plus tard pourquoi ce jouet avait tant d'importance pour eux : l'enfant avait dit qu'il avait enregistré son grand-père sur ce jouet, en cachette, pendant qu'il lui faisait subir des sévices sexuels. Enregistrer quoi ? Comment? Ridicule, pensez-vous. Pas pour l'inspecteur Bl. qui m'affirma, sans rire, que c'était très vraisemblable. Et lorsque l'enfant modifia deux mois plus tard ses déclarations, en affirmant qu'il y avait toujours un deuxième homme "à côté du grand-père" pour lui montrer comment faire, et bien il n'y eut ni un policier, ni un magistrat, encore moins un psychologue qui lui demanda comment il avait pu amener son magnétophone dans la salle de bains, tromper la surveillance du grand-père "violeur" et de son complice et enregistrer… C'est vrai qu'il ne faut pas poser de questions «embarrassantes » à un enfant. Ce serait faire pression sur lui et ce serait intolérable. Qu'un homme de 65 ans qui a travaillé toute sa vie pour sa famille, ses enfants, le service public, qui est estimé dans tous les milieux qu'il a fréquentés, soit mis en prison et ruiné sur tous les plans, est-ce si grave que cela ? En tout cas pas au point de poser des questions ennuyeuses à un enfant, estime la Justice en France.

Ils saisissent aussi l'ordinateur, les disquettes, les Zips qui servent à archiver les dossiers. Dans le sous-sol, ils explorent un tas de vieilles disquettes dont je devais me débarrasser depuis longtemps, mais je ne sais pas très bien comment faire pour éliminer de tels supports d'information. Ils en saisissent une qui porte l'étiquette "Drag Thing". "Drag", c'est bien suspect, ça, Monsieur l'inspecteur ! L'auteur de ce logiciel n'avait proba-blement jamais imaginé que le nom qu'il avait trouvé pourrait un jour justifier une vérification policière.

Au milieu de tout ce remue-ménage, cette mise sens dessus dessous de la villa, arrivent mon frère et ma belle-sœur chargés de ramener mon père à son appartement. Je leur explique en quelques mots. Arrive aussi ma fille, Cécile, qui encaisse le choc. Mais c'est le moment de partir, les inspecteurs me bousculent pour vite me faire regagner la voiture. Je ne peux embrasser personne.

« De toute façon, votre femme et votre fille, sont convoquées pour être auditionnées à 14 heures » me dit l'inspecteur.

Je me tourne vers ma fille : *« Ne t'inquiète pas, fais ce qu'ils te disent. Je n'ai pas envie de dormir à Grasse ce soir… »*

CECILE, MA FILLE, RACONTE

Lundi 10 juillet 2000. Comme tous les lundis matin, je suis libre. Je ne vais pas travailler à la pharmacie de M. Aubert à Vence. C'est ma demi-journée de repos. De repos ! Pas vraiment car j'en profite pour m'occuper de ma famille et surtout de mon fils, Adrien. Ce lundi 10 juillet 2000, donc, j'emmène d'abord Adrien à la crèche puis je me rends à la villa de mes parents. Il fait beau. Le ciel est d'un bleu parfait et l'on sent déjà la chaleur monter doucement. Je conduis sereinement, paisiblement. Il est environ 9 heures 30. Je n'imagine pas un instant que cette journée serait à jamais gravée dans ma mémoire comme la journée du malheur pour toute notre famille.

Arrivée à la villa, j'aperçois mon grand-père allongé sur une chaise longue sur la terrasse près de la piscine. Il était bien fatigué et mes parents l'avaient accueilli pendant quelque temps pour le soigner. Je l'embrasse, lui demande de ses nouvelles et c'est alors que je perçois à l'intérieur de la villa un véritable remue-ménage. Des hommes vont et viennent dans toutes les pièces. Qui sont-ils ? Que font-ils ? J'ouvre de grands yeux. Je n'ai pas le temps de poser de questions car l'un d'eux se précipite vers moi et me demande mon identité. D'un coup je comprends. Ce sont des policiers en civil. Une chape de plomb s'abat sur moi. Que se passe-t-il ? Je vois ma mère et mon père dans une pièce à l'intérieur et fais un geste pour me précipiter vers eux.

*Le policier en civil me barre la route. Il me dit : « **Savez-vous pourquoi nous sommes là ?** » Je lui réponds : « **Évidemment non ! Dites-le-moi, vous.** » Il ne répond pas. J'insiste en élevant la voix : « **Dites-moi ce qui se passe, qu'est-ce que vous faites dans la villa de mes parents.** » Encore un moment de silence puis le policier se rapproche de moi et avec un regard froid et* *une voix douce que je ne pourrai jamais oublier, m'annonce :* **« Une plainte de Reims a été déposée contre votre père. »** *Tout au fond de moi, c'est une explosion, une explosion de révolte, de colère. Je ne peux me retenir et les mots jaillissent comme un cri :* **« Ça, c'est Philippe ! Il n'est quand même pas allé jusque-là. »** *Pour moi, c'est tellement évident. Je connaissais tellement bien la haine que Philippe avait développée contre mon père. Il me l'avait exprimée, me l'avait "crachée" au téléphone, l'avait écrite dans plusieurs lettres. Je me souvenais d'un coup avec quelle "rage" il m'avait jeté :* **« J'irai cracher sur leurs tombes. »** *Mais jamais, jamais, je n'aurais pensé qu'il aurait pu en arriver à accuser son père d'agressions sexuelles. Ma première pensée a été :* **« Quelle honte pour lui ! Quelle honte de salir toute une famille pour se venger. »**

Le policier rajoute : **« Votre père est accusé d'agressions sexuelles sur son petit-fils, c'est très grave. »** *Je suis pétrifiée. Non pas par l'accusation que je trouve tellement ridicule, irréaliste, inimaginable, mais par l'attitude de mon frère. Il me l'avait prédit qu'il enverrait à son tour mon père devant un tribunal. Il avait été mortifié par la procédure ouverte par mon père pour faire respecter le droit de visite et de garde de son petit-fils. Mais en arriver là, non, ce n'est pas possible qu'un être humain puisse agir comme cela. Et je répète inlassablement devant le policier :* **« Comment ont-ils osé ? Comment ont-ils osé ? »**

Je commence à expliquer au policier cette haine de mon frère à l'égard de son père. Je parle du conflit sur le droit de visite, de la procédure… Et soudain, je lui crie : **« Mais, j'ai une lettre… une lettre qui vous prouvera que mon frère est derrière tout cela. »**

Ah, cette fameuse lettre ! Celle de Philippe adressée à mon père, que j'ai délibérément interceptée avec la complicité de ma mère.

C'était en réalité la troisième lettre que mon frère envoyait à notre père. Les deux premières avaient marqué toute la famille et surtout mon père qui les avait lues les larmes aux yeux. Je l'avais vu profondément touché par la violence des reproches, des critiques, par l'ingratitude et la haine qui transparaissaient à travers chaque mot, chaque phrase. On sentait bien que l'objectif de l'auteur de la lettre était de faire mal, de blesser. Il y avait même une forme de jouissance dans l'injure, dans la critique, dans le mépris affiché. L'objectif était atteint, car mon père avait été marqué pendant plusieurs jours. Nous aussi. C'est pourquoi, lorsqu'arriva cette troisième lettre, nous décidâmes, avec ma mère, de l'intercepter, de la lire et de la lui cacher si elle était aussi violente que les autres. Il faut dire qu'en mars 1998, je vivais chez mes parents après un échec amoureux et j'étais enceinte de 6 mois. Je réceptionne donc cette troisième lettre de Philippe. Je la lis avec ma mère. À la lecture de ces horreurs et de cette violence, je me mets à trembler puis à pleurer. Une très longue lettre de reproches, de critiques… Il décrit mon père comme un " gourou", un "nazi": des termes tellement inappropriés pour un humaniste comme mon père. Et puis, nous arrivons au dernier paragraphe, à cette phrase, cette phrase que nous lisons plusieurs fois, tant notre surprise est grande. Nous voudrions ne pas y croire.

Mais les mots sont là, implacables, écrits sur la feuille blanche. Ils sont signés.

« Je n'hésiterai pas à utiliser cet enfant comme une arme pour te détruire. À bon entendeur, salut. Philippe. »

L'horreur et l'intensité de ces mots, de cette phrase ont résonné dans ma tête pendant toutes ces années et ils résonnent encore.

Je ne montrai donc pas cette lettre à mon père. Je la dissimulai et l'emmenai sans y prendre garde dans mon déménagement quelques mois plus tard.

22

Je rencontre Rodolphe, mon futur époux, en avril 2000, juste avant l'affaire. Cette relation débutante me pousse à dévoiler à Rodolphe l'existence du conflit familial, à lui décrire l'attitude d'un frère devenu fou de haine contre son père. Je lui dis le bonheur du petit Gabriel lors de ses courts séjours à Vence et sa tristesse à chacun de ses départs. Puis je lui fais lire la lettre, notamment la menace d'utiliser l'enfant pour "détruire mon père". Rodolphe en est tout retourné et garde un souvenir intact de la scène et de la lecture de la lettre. Et puis je décide de ranger cette lettre parmi toutes les lettres de mon enfance.

En ce lundi matin, 10 juillet 2000, je suis certaine, absolument certaine qu'il y a un lien entre la lettre menaçante et l'accusation. Je pense que les policiers vont vite comprendre le mécanisme de l'accusation lorsqu'ils auront lu la lettre et la menace d'utiliser l'enfant pour "détruire" mon père. Je fonce à mon appartement, jette le contenu de mon placard au sol, fouille parmi tout un paquet de lettres et au bout de quelques minutes, je m'empare d'elle comme d'un trésor et je retourne à toute allure à la villa.

*Je donne la lettre au policier qui m'avait interpellée. J'ai appris ensuite qu'il s'agissait de l'inspecteur Bl.. Il la lit attentivement en faisant quelques pas sur la terrasse de la villa. Je le suis des yeux, guettant la moindre réaction. Je vois l'expression de son visage s'obscurcir. Il me semble avoir pâli. Il se tourne vers moi, me regarde et me dit : « **C'est important !** » Puis il glisse la lettre dans sa poche de veste, et me demande : « **Avez-vous une copie de cette lettre ?** » J'ai répondu : « **Non** ». Et c'était bien la vérité. Je n'avais pas pensé à faire une copie de cette lettre. Et l'idée ne me vient pas d'en faire une avant de la remettre à l'inspecteur. J'ai une telle confiance dans les services de police. J'ai le sentiment qu'après avoir lu la lettre de menace, la police va vite comprendre le conflit familial et l'attitude de mon frère. Cette lettre que l'inspecteur Bl. a mise dans sa poche alors qu'il* était sur la terrasse de la villa de mes parents, **je ne l'ai plus revue. Je l'affirme solennellement.** J'essaie bien d'en reparler au policier qui m'interroge au moment de ma déposition à la caserne Auvare, dans l'après-midi de ce funeste lundi 10 juillet 2000, mais manifestement cela ne l'intéresse pas et il ne relève rien de ce que je dis au sujet de la menace écrite. En colère, révoltée, je signe ma déposition sans relire le texte.

Cette lettre a été mise sous scellés. Mon père n'a pas été interrogé à ce sujet. Je ne sais si le Juge d'Instruction en avait connaissance. L'avocat de mon père a demandé à plusieurs reprises à la Justice de lui fournir une copie de la lettre. Il n'a obtenu aucune réponse à ses demandes. Nous n'avons plus insisté après quelques années pensant que mon père allait obtenir un non-lieu, à la suite des expertises médicales qui lui étaient favorables.

L'affaire est renvoyée fin 2005 ! Nous faisons appel auprès de la Chambre d'Instruction d'Aix. Dans le mémoire, notre défenseur signale l'existence de cette lettre de menace. Cela interpelle la Chambre qui demande l'ouverture du scellé et la communication de la lettre aux parties.

Je me souviens du jour où la Chambre a entendu nos avocats après connaissance de cette lettre. J'étais dans ma pharmacie à Grasse. Il était environ 13 heures. Mon père appelle sur son portable depuis Aix. Il me dit : Il n'y a pas sur la lettre de menace la phrase et surtout les mots **"utiliser l'enfant pour te détruire"**. Je lui dis que ce n'est pas possible, que j'ai bien vu, retenu chaque mot, que ma mère les a lus comme moi ainsi que mon mari. Quelle bêtise ai-je faite en oubliant d'avoir fait une copie de l'original ! Je me sens terriblement coupable de cette négligence. Encore plus, lorsqu'un de mes avocats me déclare au téléphone : **« Si vous aviez fait une copie, votre père aurait aujourd'hui un non-lieu ».**

*La lettre était telle que je l'avais décrite. Il ne manquait qu'une phrase, celle où **"Philippe était prêt à utiliser l'enfant pour détruire son père".** L'avais-je imaginée, inventée, cette phrase ? Ma mémoire faisait-elle défaut 5 ans plus tard ? Chacun en pensera ce qu'il veut. **Mais moi je suis certaine** de l'existence de cette phrase au moment où j'ai donné la lettre à l'inspecteur Bl.. **Je suis certaine** de l'avoir fait lire à ma mère et à mon mari qui confirment en tout point ce que j'avance. **Je suis certaine** que l'inspecteur Bl. l'a mise dans sa poche et qu'ensuite les policiers ne m'en ont plus parlé. Alors comment se fait-il que le compte-rendu de ma déposition à la caserne Auvare signale que je remets la lettre à ce moment-là, donc lundi après-midi et que j'authentifie la dernière phrase de la lettre, une phrase qui ne contient pas le mot "détruire".*

J'affirme haut et fort que cette lettre contenait bien la menace de détruire mon père et que cette lettre a été remise à l'inspecteur Bl., le lundi 10 juillet 2000, vers 10 heures du matin, sur la terrasse de la villa de mes parents et non pas à la caserne Auvare.

Je retiendrai deux leçons essentielles. La première est de ne jamais confier un document original important à des policiers, mais une copie. La seconde est de bien relire ses dépositions après avoir été interrogé par les services de police.

LA GARDE À VUE - 10 ET 11 JUILLET 2000

Nous traversons Nice en trombe ; les bureaux de la PJ sont situés dans un quartier, au nord-est de la ville. Pendant le trajet, j'essaie d'aborder le sujet, de leur faire comprendre que mon fils manifeste depuis des années une agressivité à notre égard, qu'il avait refusé de nous laisser voir notre petit-fils et qu'ainsi nous avions dû faire une procédure pour maintenir les liens avec l'enfant.

Je tente d'expliquer que Gabriel était malheureux, soumis par ses parents à une discipline de fer, à des humiliations publiques fréquentes, à une carence affective... Je leur dis que j'avais essayé délicatement de les orienter vers des méthodes éducatives plus modernes. Je cite Françoise Dolto. Le visage des inspecteurs s'éclaire d'un grand sourire : « *Ah, ah, j'ai ramassé son fils, Carlos, vous connaissez, dans une partouze à Paris. À sa décharge, il était en homme !* »

Non, décidément, ce que je leur dis ne les intéresse pas. Ils parlent entre eux de leurs affaires, font de grosses plaisanteries d'un goût douteux mais dont ils semblent très fiers et m'ignorent. Peut-être essaient-ils d'être "brillants" pour l'inspectrice qui est au volant...

À peine arrivés à la PJ, il doit être environ midi, on me fait entrer dans le bureau d'un des inspecteurs et l'interrogatoire commence.

« *Je me présente, M. X, inspecteur de la PJ, chargé d'instruire une plainte venant de votre fils et de votre ex-belle-fille...* »

Et là, pendant plus de deux heures, ce monsieur va lire les déclarations venant de Reims, l'une après l'autre, se réservant celle de l'enfant pour la fin, et essaie de me faire réagir "à chaud ".

Il commence par la plainte de la mère, Élisabeth Siogli :

« Le 28 janvier, Gabriel a fait une forte crise. Il a tout renversé dans sa chambre et a pris un couteau qu'il a mis sous sa gorge. Je lui ai dit qu'il devait avoir une grande souffrance cachée et c'est alors qu'il m'a dit qu'il subissait des sévices sexuels de son grand-père paternel lorsqu'il venait en vacances à Vence. Le lendemain, je téléphone au père qui a une longue conversation avec son fils, pendant près d'une heure... »

« À son retour de vacances de février (1 semaine, du 12 au 19 à Auron), il était infernal et alors, par bribes, il a tout révélé. Nous l'avons alors montré à une association de défense de l'enfance qui nous a conseillé de voir le Dr Dulière du CFLR de Reims. **Celle-ci a confirmé qu'il y avait deux cicatrices typiques de sodomie sur la marge anale et la psychologue a affirmé que l'enfant était crédible.** »

« Mon beau-père est très charismatique, mais autoritaire, violent. Il pense qu'il est au-dessus des lois, qu'il a tous les pouvoirs... »

— M. Iacono, que répondez-vous ?

Abasourdi, incrédule, sidéré, je balbutie : « Je ne sais pas. C'est tellement énorme... »

Dire qu'il y a seulement quelques mois, j'allais rendre visite à cette femme, mon ex-belle-fille, à Reims, parce qu'elle était seule (Philippe l'a quittée en août 1998), triste, dépressive. Je l'ai emmenée avec Gabriel au restaurant. Elle a tenu à ce que je dorme chez elle et non à l'hôtel, ajoutant même : « Je vous fais dormir avec le petit, ça lui fait tellement plaisir ! »

Elle m'avait confié, peu avant : « Vous savez, toutes ces histoires, c'est une affaire entre votre fils et vous, moi je ne veux plus en entendre parler. Et d'ailleurs, dorénavant, vous pourrez voir l'enfant autant que vous voudrez. **Il a tant souffert de ce conflit.** »

L'inspecteur prend un ton grave : « Est-ce que vous vous rendez compte, M. Iacono. C'est une affaire criminelle. Vous risquez 10 à 15 ans de réclusion ! »

— Que voulez-vous que je réponde. Je n'ai jamais, jamais, touché cet enfant. Je n'ai jamais eu la moindre attirance pour les enfants, ni pour les hommes d'ailleurs. J'ai une sexualité tout à fait normale. »

L'inspecteur tape mes réponses sur le clavier de l'ordinateur, redemande telle ou telle précision. J'aperçois soudain une faille dans les déclarations de ma belle-fille : « Comment se fait-il qu'après de telles révélations faites le 28 janvier, les parents nous envoient l'enfant en vacances le 12 février ? »

Ma question apparemment le laisse sans réponse et il continue avec la plainte de mon fils. Celui-ci, Philippe, s'appuie sur les déclarations de l'enfant et le constat du docteur Dulière. Mais cela ne lui suffit pas, il en rajoute : « J'avais remarqué qu'à l'âge de 3-4 ans, Gabriel dessinait des personnages avec un grand zizi, surtout lorsqu'il revenait de vacances à Vence. Et puis mon père est un personnage dominateur, séducteur. C'est un vrai gourou, entouré d'une secte... »

J'en ai le souffle coupé, mais le plus fort m'attend. À la question de l'inspecteur :

« Comment pensez-vous que votre père réagira ? », Philippe répond froidement : **« Il prendra un revolver qu'il possède et viendra à Reims nous tuer tous les trois... ou alors il se suicidera en écrivant une lettre dans laquelle il dira qu'il est innocent... »**

Rien que cela. J'ai froid dans le dos en entendant de telles déclarations venant de mon propre fils. Comment peut-il imaginer cela de moi ? Ai-je jamais eu un comportement violent ?

— Alors qu'en dites-vous, M. Iacono ? me lance l'inspecteur, me tirant brutalement de mes sombres réflexions.

Je sens que je ne pourrai échapper au récit des 17 années de relations "difficiles" avec mon fils. Alors je commence : *« Vous voyez, Monsieur l'inspecteur, mon fils a commencé à me détester lorsqu'il a fréquenté Élisabeth Siogli et sa famille. Toute cette famille appartenait à la communauté baptiste de Nice. Philippe se convertit à leur religion et devint un parfait adepte de cette communauté.*

Ils abandonnèrent d'ailleurs rapidement l'Église Adventiste pour se retrouver dans une villa de Nice. C'est là que Gabriel fut "présenté" au seigneur devant une quarantaine de personnes. Nous étions, ma femme et moi, assez mal à l'aise dans cette ambiance qui nous faisait fortement penser à une secte. J'ai demandé à un ami proche des Renseignements Généraux d'avoir quelques informations sur cette communauté. Quelques semaines plus tard, il me rassurait en me disant qu'elle était qualifiée de "bénigne". Je ne suis pas allé plus loin.

Depuis cette époque, mon fils a fait de moi le bouc émissaire de tous ses "malheurs". Ainsi, il n'a cessé d'affirmer que je l'ai forcé à faire médecine. Ce qui est complètement faux puisque je l'ai aidé à s'inscrire à l'École Supérieure de Chimie de Marseille et qu'il en a été mis à la porte trois mois plus tard parce que, me dira le Directeur, " il ne faisait rien et qu'il avait bien besoin d'aller apprendre dans une société privée ce qu'était le travail dans une entreprise."

Je rapporte également à l'inspecteur le refus que j'avais opposé à sa demande de prendre mon bateau, un voilier de 12 mètres et de partir faire le tour du monde.

« Non, avais-je répondu, non, d'abord parce que ce bateau est important pour moi. Je mène une vie intense et le bateau est une évasion dont j'ai besoin, et puis, imagine ta mère, si facilement inquiète, te sachant dans les quarantièmes rugissants ! Enfin, il faut être sérieux. Tu as choisi de créer un foyer ; maintenant, il faut assumer et t'occuper de ta femme et bientôt du bébé. »

« Un peu plus tard, il revint sur ce sujet et me demanda de lui prêter le bateau pour partir en solitaire en Méditerranée. Son idée était de prouver qu'il pouvait parfaitement naviguer en solitaire sur des parcours de plus en plus longs. Nous étions réticents, ma femme et moi, et puis nous cédâmes devant le risque d'un chantage à l'enfant, comme nous en prévint Élisabeth. »

L'inspecteur écoute, essaie de résumer en quelques phrases ces longues périodes agitées de nos relations avec notre fils. Je lui décris ensuite l'incident qui a déclenché la colère des parents et leur décision de ne plus nous confier Gabriel...

Un long monologue, mais qui n'intéresse pas beaucoup Monsieur l'inspecteur. Je commence à être épuisé. L'inspecteur me dit : *« On va faire une pause. »*

J'acquiesce et lui demande d'aller aux toilettes. Il m'accompagne comme mon ombre. Dans le couloir, je croise le petit Adrien, mon autre petit-fils ; il vient d'avoir 2 ans. Il est accompagné par Rodolphe, le nouveau compagnon de ma fille. L'enfant me voit, surpris, puis il me sourit. Une envie me prend de le serrer dans mes bras, de l'embrasser... Je passe vite, la mâchoire serrée.

Nous revenons dans le bureau et l'inspecteur va maintenant m'asséner le coup de grâce, la lecture des déclarations de l'enfant.

Difficiles à entendre ces déclarations de mon petit-fils. L'inspecteur ne me fait grâce de rien. Il me distille chaque phrase, chaque mot. J'écoute, ahuri, dans un état second, mais je note de nombreuses anomalies :

« Papy me touchait le zizi, lorsque mamy me changeait les couches... »

— *Vous ne pensez pas, Monsieur l'inspecteur*, dis-je, *que Gabriel était alors bien jeune (2 ans, 2 ans et 1/2) pour se souvenir de tels détails.*

Il en convient.

Gabriel indique que j'ai filmé une cassette et que celle-ci est cachée dans la chambre du haut. Je comprends mieux l'acharnement de la PJ à fouiller la maison et à visionner les cassettes.

Il affirme aussi qu'il a, *"sans que papy le remarque, enregistré sur le magnétophone"*.

Je demande :

« Qu'est-ce que l'enfant pouvait bien enregistrer ! »

Je trouve ces détails rocambolesques, tirés d'un mauvais feuilleton télévisé. Mais l'inspecteur semble les prendre au sérieux.

« Ce que m'a fait mon papy, au temps de Jésus, était puni de mort... »

« Je dénonce mon papy, parce que je ne veux pas que cela arrive à Adrien, mon petit cousin. »

« Ça y est, pensai-je, *nous sommes dans le feuilleton américain de seconde zone. »*

« Il faut que je dénonce mon papy pour qu'il aille en prison, parce que sinon, il a un flingue, mon père l'a vu et il peut venir à Reims et nous flinguer tous les trois. »

Je n'en reviens pas. Quelle imagination !

« Mais ne pensez-vous pas, Monsieur l'inspecteur, qu'il y a dans ces déclarations la preuve de l'influence des parents ? »

Il ne répond pas.

Il doit être 5 heures de l'après-midi. Je n'ai rien avalé, je suis écœuré de toute cette histoire sordide, irréelle, qui met en scène mon petit Gabriel, qui lui fait jouer un rôle infâme. Écœuré de devoir répondre à des descriptions totalement inventées, à des scènes rocambolesques et complètement imprécises quant aux dates. Écœuré de savoir ma femme dans un bureau à côté ainsi que ma fille, soumises toutes deux à un interrogatoire aussi infâmant.

LA CELLULE DE LA CASERNE AUVARE

L'inspecteur me dit : *« On vous reverra plus tard avec mes collègues. »*

Il me fait traverser une petite cour et on entre dans un nouveau bâtiment. À l'entrée, une banque d'accueil, deux policiers.

« Videz vos poches, ôtez votre ceinture, vos lacets... »

Je m'exécute. Ils comptent ma monnaie, prennent le stylo, le portefeuille... Ils font un récépissé. Je signe. Ils me conduisent dans une cellule assez vaste, fermée par une grille. À l'intérieur, une banquette de bois, une vieille couverture chiffonnée dans un coin. Des graffitis partout sur les murs.

Je m'assois et je pense à tous les événements de la journée. J'essaie de me concentrer sur tous les détails de l'accusation pour y chercher des failles, des contradictions. Je me rassure un peu en pensant que les inspecteurs qui ont aussi entendu ma femme et ma fille relèveront les incohérences, les outrances, l'influence des parents dans le montage du scénario...

On m'apporte un sandwich enroulé dans un papier, le gardien le pose sans un mot sur la banquette. Il y restera. Impossible d'avaler le moindre aliment.

Je suis pratiquement en état de choc et l'énergie vitale qui me reste est tout entière concentrée sur mes neurones. Je pense, je fais appel à tous mes souvenirs pour comprendre. Je ne me doute pas, alors, que je vais continuer cette gymnastique de l'esprit nuit et jour pendant des mois et des mois.

Combien de temps me laissent-t-ils là, seul ? Je ne sais. Je n'ai plus ma montre. Il y a une petite lucarne dans le coin supérieur de ma cellule qui me permet de voir un coin de ciel. Il est noir, mais est-ce 10 heures, 11 heures ? Je ne suis plus qu'un pion à la disposition de ces messieurs.

AUDITION DE NUIT

Enfin on vient me chercher et on me conduit dans un autre bureau, où un nouvel inspecteur (celui qui fait de bonnes plaisanteries) va prendre mon audition. Alors pour la énième fois, j'égrène mon nom, prénom, date de naissance... Et on reprend un peu tout depuis le début.

Nouveauté, il m'interroge sur les soi-disant pièces à conviction saisies à mon domicile : deux exemplaires du Monde qui traînaient dans ma chambre avec d'autres journaux et magazines, un article du Monde Diplomatique. Tout cela me paraît complètement futile. On dirait qu'on joue au gendarme et au voleur, version 2000. Mais je dois rester vigilant, car mon plaisantin d'inspecteur est assez **"vicieux"**. Ainsi, il me demande si je regarde des sites pornos sur Internet. Je réponds : *« Jamais. Je n'aime pas le porno, par contre j'aime bien l'érotisme, ce n'est pas la même chose. »*

— *Ah,* enchaîne l'inspecteur qui pense avoir ferré quelque chose d'intéressant, *qu'entendez-vous par érotisme ?*

— *Par exemple, il m'est arrivé de regarder des sites "roses" où l'on voit de jolies femmes dénudées.*

— *Mais vous ne vous arrêtez pas aux femmes dénudées ?*

— *Si. Il est vrai que sur ces sites, il y a en général des entrées payantes vers des pages pornos, mais je ne les ai jamais utilisées.*

— *Vous savez qu'avec la Carte Bleue on peut entrer sur ces sites ?*

— *Bien sûr, il m'est arrivé de commander des disques ou des livres par Internet, avec ma Carte Bleue.*

— *Alors,* conclut-il, *je note sur mon rapport : "Sachant qu'en utilisant ma CB pour entrer sur un site porno, je pouvais me faire reconnaître, je ne l'ai pas fait... "*

Je m'insurge : « *Vous déformez ce que je dis ; vous n'avez pas le droit.* »

Il modifie légèrement la phrase et je réalise soudain pourquoi certains prévenus sont obligés de revenir sur leurs premières déclarations faites devant des inspecteurs malhonnêtes. Premières déclarations qui peuvent par la suite peser lourd dans la balance de la Justice.

Il est plus de minuit. Je ne sais. Les autres inspecteurs entrent dans le bureau ; toute l'équipe est là. Le ton change, il devient agressif.

« *Mais avouez donc ! C'est vous qui l'avez fait. On en est convaincu. D'ailleurs on a remarqué que vous vous moquiez de votre petit-fils, vous ne vous souciez même pas de ce qui lui est arrivé, de son sort... Vous êtes froid, insensible, sans cœur.* »

L'inspecteur "plaisantin" prend au bout d'un moment un ton bon enfant :

« *Allez, monsieur Iacono, on va se mettre d'accord. C'est vrai, l'enfant a exagéré, vous n'avez pas fait tout cela, mais vous en avez fait un peu. Alors, vous nous le dites et on va tous se coucher.* »

La ficelle est tellement grosse que je pourrais éclater de rire si la situation n'était pas aussi tragique.

Je lui dis : « *Mais, monsieur l'inspecteur, même devant le couperet d'une guillotine ou en montant sur une chaise électrique, je ne pourrais vous dire cela, car je n'ai jamais eu la moindre idée trouble à l'égard d'un enfant. La pédophilie me fait horreur...* »

Ils s'énervent tous. Il doit être deux heures du matin. L'inspectrice, qui n'avait encore rien dit mais qui me jette des regards haineux depuis le début, m'apostrophe violemment : « *Vous voyez, ce qui me choque le plus, c'est votre insensibilité. Vous me dégoûtez !* » me crache-t-elle à la face. Elle sort du bureau sous l'emprise de la colère ; elle revient et me lance à nouveau au visage : « *Ah oui, le papy gentil ! Vous savez ce que c'est que "sodomiser" ? C'est "enculer"*, me hurle-t-elle aux oreilles.

L'inspecteur-chef la calme un peu. Elle s'en va. Je n'oublierai jamais cette scène. Je n'oublierai jamais cette petite bonne femme d'une trentaine d'années qui vient faire la morale à un homme de 65 ans, au moment où il est blessé, meurtri, dans son honneur, dans sa vie. Comment tolérer ces insultes faites à un homme "présumé innocent" ?

Déçus, les inspecteurs, fatigués aussi, plus très sûrs d'eux ; ils me ramènent dans ma cellule. Je m'allonge sur la banquette, la tête sur la couverture qui sent la crasse, la sueur accumulée de tous ceux qui sont passés avant moi. Pour seule vision, les murs pleins de graffitis. Je les lis machinalement et les relis pour trouver le sommeil qui tarde, tarde…

11 JUILLET 2000 AU PETIT MATIN

Lorsque je me réveille, le petit coin de ciel tout en haut de la cellule est encore gris. Il doit être six heures, six heures trente. Je ne sais. L'attente recommence, la tête pleine de mille pensées.

Vers 8 heures, 8 heures et demie, on vient me chercher et on me fait asseoir dans le bureau du chef, le commandant Bl.. Au bout d'un moment, il entre, hésite un peu et me déclare : *« Vous savez, Monsieur Iacono, j'ai bien réfléchi avec mes collègues et bien, ce matin, je suis persuadé que vous êtes coupable. »*

C'est, pour moi, la douche froide du matin, le seau d'eau glacée que vous prenez en pleine face. C'est vrai, je pensais naïvement que les inspecteurs ne pouvaient longtemps me croire capable de faire de telles choses. Et bien, non, le commandant a l'air sérieux et convaincu. Il me croit coupable malgré tous les points faibles des déclarations que je lui rappelle à nouveau. Rien n'y fait.

« Et puis, ajoute-t-il, *ce qui m'a profondément choqué, c'est l'attitude de votre femme. Un monstre de froideur. Pas un mot pour le petit. Elle s'inquiétait pour votre planning, pour le conseil municipal... »*

Je l'interromps : *« M. Bl, vous ne vous rendez donc pas compte à quel point ma femme est bouleversée par ce qui nous arrive. Vous ne la connaissez pas, vous ne savez rien d'elle et vous vous permettez de la juger. Si vous saviez tout l'amour qu'elle a donné à son petit-fils.*

Et puis, j'ai réfléchi cette nuit à ce que vous et vos collègues appelez de la froideur. Mais essayez un instant d'imaginer la réaction d'un grand-père qui a tant fait pour son petit-fils pendant dix ans, qui a tenté de le protéger, qui a dû mener une procédure pour continuer à le voir et à lui apporter un peu d'amour, voilà que cet enfant ment délibérémment et pousse son papy en prison et le met au ban de l'infamie, croyez-vous que là, en cet instant, je peux voir cet enfant avec les mêmes yeux d'amour ? Bien sûr, ma réaction est immédiate et provisoire et si l'enfant a réellement été victime de violences sexuelles, je vous garantis que je ferai tout pour retrouver le coupable et aider à la restauration de l'enfant. "

Je ne suis pas sûr d'avoir été convaincant.

On me fait passer dans une autre pièce et on me prévient qu'on me défère au Parquet de Grasse, cet après-midi probablement. Chaque inspecteur s'affaire à terminer son rapport. On n'a pas besoin de moi, alors, hop, on me remet en cellule et attendez...

Je viens de redécouvrir en quelques heures toute la signification du mot "attendre". Moi qui mène depuis toujours une vie intense où chaque minute compte, j'ai horreur d'attendre. Je ne peux attendre. Et bien, si, je peux attendre, je dois attendre, je n'ai d'ailleurs pas le choix. Pour la police, comme pour la Justice, le temps d'un prévenu n'a aucune importance. Son temps ne lui appartient plus, il ne compte plus. Il peut attendre des heures, personne ne s'en souciera. Et comme je n'ai plus ma montre, mon temps ne se mesure plus.

Alors je m'assois à nouveau sur ma banquette. En passant dans le couloir, j'ai vu une jeune femme, assise, seule dans une autre cellule, le visage défait mais d'une certaine beauté. Quelle tristesse entr'aperçue en un instant ? Combien de malheurs ces lieux ont-ils dû accueillir ? J'ai envie de crier : *« Mon Dieu, pourquoi, pourquoi, tant de souffrance ? »*

On ouvre ma cellule et on me demande le nom de mon avocat pour la présentation au Parquet. Je n'y avais pas pensé et je leur avoue que je n'ai aucun nom à donner.

11 JUILLET 2000, FIN DE MATINEE.

Nouvelle attente longue dans ma cellule... Enfin on vient me chercher. Je récupère mes affaires, mes lacets. Les inspecteurs me bousculent ; ils sont maintenant pressés : *« Vous attacherez vos lacets dans la voiture. »* Et en route pour Grasse.

Ils m'interrogent à nouveau sur le nom de mon avocat. Je leur demande d'appeler chez moi pour interroger mes proches. *« Non,* disent-ils, *c'est impossible. Tant pis pour vous, vous aurez l'avocat commis d'office. »*

À toute allure, nous prenons l'autoroute jusqu'à Grasse, nous doublons tout le monde, brûlons les feux rouges et entrons dans le Palais de Justice par l'arrière. Ils me conduisent vers le bureau du juge d'instruction. On leur indique que je passerai plus tard et donc pour le moment on me met au sous-sol. Dans l'ascenseur, un inspecteur me demande une nouvelle fois le nom d'un avocat, puis me cite, pour m'aider, quelques noms. Je choisis Me Muriel Ricord parce qu'elle est sur Grasse et qu'elle pourra être rapidement disponible.

Me voilà dans une nouvelle cellule du sous-sol, toute neuve. Elle sent la peinture fraîche. Elle dispose même d'un w.-c individuel. Le policier qui m'a reçu semble me connaître : *« Le maire de Vence, oui, bien sûr. »*

Il n'empêche qu'il revient avec de solides bracelets qu'il me passe aux poignets. Me voilà assis dans une cellule, style cage pour fauve, complètement fermée, entouré de nombreux policiers en armes et les menottes aux poignets. Suis-je déjà catalogué "personnage dangereux" ? *" Vous pensez, un violeur d'enfant ! En plus, c'est son petit-fils..."* Je me pince pour être sûr que je ne rêve pas. Quand ce cauchemar se terminera-t-il ? Et j'attends, une heure, deux heures, trois heures, je ne sais, car là aussi on m'a débarrassé de ma montre, des lacets... Et comme la cellule est au sous-sol, je n'ai aucun repère visuel.

Première rencontre avec un avocat

On m'annonce que mon avocate, Me Ricord, est là. On me conduit dans un espace minuscule, on m'enlève les menottes. Il y a une table, deux chaises. Sur l'une d'elles, une femme blonde m'accueille d'un sourire. Enfin un petit rayon de soleil, le premier depuis 48 heures. Je lui explique à grands traits mon affaire. Je vois peu à peu son visage se rembrunir. Elle me rassure cependant : *« Je vais aller étudier votre dossier et je serai à vos côtés dans le bureau du juge. »*

À nouveau menottes et retour dans la cellule du sous-sol. Attente, attente angoissante, la tête bruissante de mille pensées. Que va faire le juge ? Les inspecteurs m'ont dit : *« Il peut vous relâcher maintenant, vous mettre sous contrôle judiciaire, ou peut-être vous incarcérer. »*

Vais-je dormir à Grasse ? Non, cela me paraît impossible, on ne peut mettre un innocent en prison en France, en l'an 2000, dans ce pays symbole de liberté. Non, le cauchemar va se dissiper…

Audition par le Juge d'Instruction

Et me voilà dans le bureau du juge, mon avocate à ma droite, deux policiers à ma gauche. Le juge leur fait signe d'enlever mes menottes, ce que l'un fait sans un mot. Le juge a une figure assez ronde, un fin sourire sur les lèvres. Son visage est couvert d'une fine barbe qu'il se caresse par instants. Très posé, calme, il plaisante avec sa secrétaire installée à ses côtés, derrière son ordinateur. Elle ne cesse de taper sur son clavier pendant que le juge lui dicte et contrôle sur un autre écran ce qu'elle tape. Et nous voici repartis :

« Vous êtes bien Monsieur Iacono ? Prénom ? Né à ? Profession ? Accusé de... »

Pendant deux heures ou plus, le juge va reprendre tous les rapports qu'il a reçus, m'en lire les points qui lui paraissent importants, noter mes réactions et en faire une synthèse qu'il dicte à sa secrétaire. Plein d'humour, il essaie de détendre l'atmosphère par quelques plaisanteries que j'ai du mal à apprécier dans ma situation.

Il reconnaît que le constat du médecin de Reims n'est pas très satisfaisant et qu'il va le compléter. Il m'interroge, sachant que je suis médecin : « *Dois-je faire appel à un pédiatre, un gastro-entérologue, un médecin légiste…? Qu'en pensez-vous ? »*

Apparemment tout se passe bien, je collabore de mon mieux, j'explique et je précise certains points de détails. Il m'écoute patiemment et en tient compte dans son document de synthèse.

Arrive le moment où doit s'engager un débat "contradictoire", selon la loi, sur la mesure me concernant. Il fait venir le procureur, une femme assez jeune, grande, un peu sèche et qui, sans nuances, déclare qu'il s'agit d'une affaire criminelle, qu'il y a risque de trouble à l'ordre public, qu'il faut éviter toute pression sur les témoins et qu'elle demande donc mon incarcération.

Monsieur le juge, très poliment, donne la parole à mon avocate, Me Ricord. Celle-ci, avec vigueur, demande au juge de ne pas suivre le procureur, qu'il n'y a pas de trouble à l'ordre public et qu'avec un contrôle judiciaire, on empêchera facilement toute pression sur les témoins.

—*Monsieur le juge,* lui dit-elle solennellement, *considérez qu'en prenant une mesure d'incarcération, vous tuez civilement Monsieur Iacono.*

— *Bien, bien,* dit le juge. *Avez-vous quelque chose à dire, Monsieur Iacono ?*

Je conteste à mon tour le trouble à l'ordre public, en assurant que je pourrais mieux maîtriser mon entourage en étant à l'extérieur qu'en prison. Quant aux pressions des témoins, je suis suffisamment averti pour comprendre qu'elles seront des arguments à charge. Je lui demande donc de me laisser en liberté provisoire. Le juge a le dernier mot, il sera conforme à celui du Procureur. Il l'argumente d'une façon étonnante : « *Si nous étions en Afrique où les enfants sont par milliers, je pourrais être moins soucieux de leur défense, mais nous sommes en Europe. Il nous faut protéger les enfants qui sont l'avenir... Donc, monsieur Iacono, je dois vous "embastiller" pour permettre à l'enquête et aux expertises de se faire en toute sérénité. Malheureusement, en août, il ne se passera rien. Il faut bien compter six mois pour avoir des résultats. De toute façon, mon mandat de dépôt est d'un an, mais je peux à tout moment l'interrompre en fonction des résultats qui me parviendront.* »

La messe est dite. Il n'y a pas eu réellement de débat. Le juge suit le procureur, c'est toujours comme cela, je l'apprendrai par la suite. Quant à l'argumentation du juge sur la protection des enfants, elle me reviendra souvent à l'esprit. Si on suit la logique du juge, il faudrait inviter tous les pédophiles de la Terre à aller en Afrique, où "les enfants sont par milliers" et donc où il est moins grave de les agresser. Un enfant africain serait-il, aux yeux du juge, moins important qu'un enfant européen ? Je remarque en passant le terme "embastiller", employé peut-être involontairement par le juge. Oui, cher Monsieur le Juge, un lapsus qui révèle bien que l'on est encore au stade de la lettre de cachet en France. **Il reste des bastilles à faire tomber dans la tête de certains juges en France**.

Avant de me lever, très fatigué, je m'adresse une dernière fois au juge d'une voix émue : «*Monsieur le Juge, maintenant que vous avez pris votre décision, je tiens à vous dire, droit dans les yeux, d'homme à homme, que je n'ai jamais fait le moindre geste d'agression sexuelle sur Gabriel.* »

Un moment de silence, et le juge, un peu embarrassé, met fin à l'audition : « *Oui, oui, vous l'avez déjà dit...* »

On me repasse les menottes. Je serre les dents, retenant mes larmes, remercie mon avocate et lui demande de tenir ma femme informée. Les policiers me ramènent dans ma cellule au sous-sol du Palais de Justice pour attendre à nouveau, tout seul, complètement immergé dans mes réflexions.

Je ne comprends toujours pas cette décision de "m'embastiller".

La détention est justifiée, lit-on dans l'ordonnance du Juge, car elle est l'unique moyen d'empêcher une pression sur les témoins ou les victimes ; qu'elle est nécessaire pour prévenir le renouvellement de l'infraction et garantir le maintien de la personne mise en examen à la disposition de la Justice. Elle est aussi l'unique moyen de mettre fin au trouble exceptionnel et persistant à l'ordre public qu'a provoqué l'infraction en raison de sa gravité, des circonstances de sa commission, de l'importance du préjudice qu'elle a causé...

Ainsi les faits sont considérés comme établis par le Juge. Les circonstances conflictuelles intra-familiales ne sont pas connues ou ne sont pas prises en considération. Aucune analyse critique des examens médicaux initiaux ou des déclarations de l'enfant n'est faite. Les contradictions signalées, la lettre prémonitoire de mon fils, les témoignages de mes proches, tout cela n'a aucune valeur. Tout est clair dans l'esprit de monsieur le Juge. Il tient le coupable.

Dès lors, les arguments avancés pour la justification de la mise en détention sont des prétextes. Le Juge m'incarcère, car déjà persuadé qu'il prouvera ma culpabilité et que je serai condamné. Donc il ne risque pas d'être désavoué plus tard.

Je m'arrête un instant sur ce point. Comment un Juge peut-il avoir une opinion faite après un examen forcément rapide du dossier (ils ont tant de dossiers à traiter), sans avoir rencontré les protagonistes de l'affaire, en particulier l'enfant, sans avoir pratiqué une analyse contradictoire des premiers examens médicaux ?

Le Juge considère-t-il qu'il a, à l'égal de Dieu, la connaissance infuse de la vérité ?

Ou bien, sachant l'impact médiatique considérable que l'incarcération d'un Maire allait entraîner, n'a-t-il pas pu résister au plaisir d'accrocher un homme politique ?

Quel beau coup en effet, l'un des plus beaux de sa carrière ! Les gros titres dans tous les journaux de France, à la une des télévisions régionales et nationales, les flashs toutes les demi-heures sur France Info. Et les coups de fil des journalistes qui demandent à parler au Juge. Qui refuse, bien entendu, *"car je ne fais que mon travail. Je défends un pauvre enfant contre un affreux homme politique tout-puissant. Je suis le juge courageux qui n'a pas peur du pouvoir politique. "*

Comment ne pas imaginer ce Juge se regardant dans son miroir et admirant son image de défenseur du pauvre et de l'orphelin ! Quelle belle image à montrer à ses enfants, petits-enfants !

A-t-il pensé un instant que par sa décision de m'incarcérer, parfaitement inutile comme les faits l'ont prouvé par la suite, il brisait un homme, son honneur ; qu'il plongeait une famille dans la douleur la plus profonde ; qu'il punissait le petit Adrien ; qu'il entraînait une ville dans le désespoir et la colère ?

Et puis, Monsieur le Juge, nous sommes, paraît-il, dans le pays des droits de l'homme. Il y a un principe réaffirmé encore récemment par la loi, c'est celui de la présomption d'innocence. **Vous êtes tenu d'appliquer la loi, celle votée par les représentants du peuple, et non pas votre loi.**

Quel danger y avait-il pour cet enfant qui vit à près de 1000 km de Vence ? En quoi ma mise au "cachot " pouvait-elle aider l'instruction ?

Pourquoi ne pas m'avoir simplement mis en examen discrètement, en demandant une enquête plus approfondie ? Vous risquiez quoi, Monsieur le Juge ?

Souvenez-vous, ce soir du 11 juillet 2000, dans votre bureau, après que vous m'ayez annoncé votre décision de m'incarcérer, je vous ai dit : « *Monsieur le Juge, maintenant que vous avez pris votre décision et que vous n'y reviendrez pas, je vais vous parler d'homme à homme, les yeux dans les yeux : jamais, jamais au grand jamais, je n'ai eu le moindre geste déplacé envers mon petit-fils.* » Ce soir-là, Monsieur le Juge, je vous ai vu baisser les yeux.

INCARCERATION A LA MAISON D'ARRET DE GRASSE-
13 JUILLET 2000

Le temps passe, je ne peux le mesurer : plus de montre, ni de ciel. Je suis à bout, moralement et physiquement. Je rêve d'un lit, d'une paillasse, pour m'y jeter et oublier ce cauchemar. Vers minuit, je perçois une agitation parmi les policiers du poste de garde. On me sort de ma cellule, menottes aux poignets. Il y a trois autres détenus, menottés aussi, dans le couloir. On nous fait monter dans un fourgon, chacun dans une petite cage grillagée, comme "des bêtes sauvages". On ne voit rien de l'extérieur, sauf une vague lueur qui vient de la cabine du chauffeur. Je devine, au bruit du moteur, les rues de Grasse que j'ai souvent empruntées pour me rendre à des réunions en mairie. Je pense à mes collègues, à mon ami le maire de Grasse. Il n'imagine certainement pas que je traverse sa ville en ce moment dans un tel équipage, en si triste compagnie. Je devine l'embranchement que je prends quelquefois pour aller au golf du « Clos Amic", et je pense avec un sourire triste aux réflexions que nous ne manquions pas de faire sur le parcours de golf en apercevant au-dessus de nous les murs de la prison de Grasse. Jamais, jamais un instant, l'idée ne m'était venue que je pourrais y passer la nuit. Et pourtant ce fourgon m'y emmène.

Arrêt provisoire, on entre dans la prison. Plusieurs manœuvres, le moteur s'arrête. Je sors de ma cage, et immédiatement je suis poussé dans une cellule d'attente : 2 mètres sur 3, murs nus recouverts de graffitis, certains sont signés par de jeunes délinquants de Vence qui m'ont donné beaucoup de soucis en tant que maire ; et me voilà avec eux maintenant ! Et si j'inscrivais aussi mon nom sous les leurs ? Encore une longue attente et puis un jeune gardien entre : *« Déshabillez-vous. »*

Je me mets nu. Il me fait pencher, tourner, soulever chaque pied.

« Bien, rhabillez-vous et attendez. »

Je m'assois sur la seule chaise en plastique et au bout d'un moment, je manque de tomber le nez par terre. J'étais en train de m'endormir sur la chaise.

On m'emmène enfin devant un petit guichet derrière lequel un gardien enregistre les entrées sur un ordinateur. Il n'a manifestement pas participé à la révolution informatique. Il tape lettre par lettre. Quand il me demande ma profession, je lui réponds : *"Retraité"*. Son visage exprime la surprise puis l'inquiétude. Il m'avoue au bout de cinq bonnes minutes : *« Je ne trouve pas retraité dans la liste. »*

Il continue à chercher et j'attends. Enfin un sourire de satisfaction éclaire son visage : *« Ça y est, j'ai retraité. »*

Empreintes digitales, puis les gardiens de nuit nous dirigent dans une salle : *« Allez, prenez chacun un matelas (c'est un simple rectangle de mousse) et un sac plastique (c'est un paquetage complet pour chaque détenu), suivez-nous. »*

Un couloir, des grilles, des serrures qui claquent et résonnent dans le silence profond du bâtiment endormi. On m'ouvre une cellule, deux mètres sur quatre, un lit de fer. Je jette mon matelas dessus, les deux draps, la couverture et moi-même tout habillé. J'ai une envie de pleurer comme un gosse, à torrent, mais les yeux restent secs, les larmes ne sortent pas. **Je réalise que je vais passer ma première nuit à la maison d'arrêt de Grasse.**

INCARCÉRATION À GRASSE

MA PREMIÈRE JOURNÉE DE DÉTENU

Quelques heures de sommeil et me voilà transporté dans un autre univers, l'univers carcéral.

Je ne suis plus Monsieur Iacono, Monsieur le Maire, Monsieur le Président de la Communauté de Communes, Provence d'Azur. Je suis Iacono, détenu n° 11547.

Le jour se lève à peine et jette une lueur triste sur les murs blancs qui m'entourent, sur les barreaux de la petite ouverture, sur le lavabo et le coin w.-c. Tout est calme.

Qu'est-ce que je fais là ? J'essaie de retrouver mes esprits. Je me concentre sur chaque geste. Je fouille dans le paquetage, je déniche un sachet de Nescafé, un verre, un peu de sucre, une cuillère. Je vais prendre mon petit-déjeuner ; mais l'eau du robinet est à peine tiède. Tant pis, c'est mieux que rien. Je m'asperge le visage. Je me sens sale. Je ne suis pas rasé. Mes vêtements sont complètement chiffonnés. Je me regarde dans un petit miroir. Je ne ressemble plus à l'élégant Maire de Vence et je ressemble déjà à un détenu.

J'entends un bruit confus provenant de l'extérieur. Je m'approche de l'ouverture et j'aperçois une vingtaine de détenus, marchant de long en large dans une cour, par petits groupes de 3 ou 4, parlant entre eux.

J'aperçois parmi eux un homme déjà âgé, à la haute stature, et que je connais bien. C'était le président d'une Association d'Anciens Combattants de la région. Il était connu pour sa manière de lire, devant les Monuments de la Résistance, l'Appel du 18 juin en prenant la voix du Général de Gaulle. Je savais qu'il avait été arrêté quelques années auparavant pour une affaire de mœurs. Mais tout s'était passé discrètement : un entrefilet dans la presse locale, je crois. Je ne m'attendais pas à le retrouver là. Nous allons nous promener ensemble dans cette cour, deux fois par jour, pendant 3 mois.

Dans le bureau du Directeur

Le temps passe. Il est environ 9 heures lorsqu'un gardien vient me chercher et me conduit au Bureau du Directeur de la Maison d'Arrêt. Je me retrouve dans la salle d'attente du bureau avec trois autres détenus qui attendent d'être appelés par le directeur. Les salles d'attente à Grasse sont de petites pièces de quelques mètres carrés, aux murs et au sol nus, avec au mieux une petite fenêtre à barreaux. Le plus souvent, il n'y a ni chaises ni bancs. On attend debout et l'attente peut durer facilement une heure, dans cette petite pièce complètement verrouillée, en compagnie d'autres détenus. Si l'on est fatigué, on s'assoit à même le sol.

Après une attente qui me paraît interminable, je suis introduit dans le bureau du directeur. Je me tiens debout, à une distance marquée au sol et qu'il faut respecter. Le directeur est assis derrière son bureau, consultant mon dossier. Il marmonne un discret *"Bonjour"*, lève à peine les yeux vers moi, ne me tend pas la main. C'est une règle en prison, il n'y a pas de poignée de main. Pour un homme politique, pour un maire, c'est un changement radical.

Il me pose quelques questions tout en parcourant mon dossier. Je lui affirme qu'il s'agit probablement d'une erreur ou d'une machination. Il m'écoute à peine. Puis il me demande si je veux être dans une cellule tout seul ou une cellule à deux. Je lui dis que je préfère être seul.

— *Vous êtes sûr ? Vous vous sentez bien ?*

Je confirme : « *Ça va.* »

L'entretien est terminé.

Dire que nous aurions pu nous retrouver dans les salons de la Préfecture de Nice, le lendemain, pour la réception traditionnelle du 14 juillet. Je l'aurais à peine remarqué et si quelqu'un me l'avait présenté, je suis certain qu'il m'aurait fait mille grâces et compliments.

Mais voilà, en quelques heures mon statut a changé. Je ne suis plus "Monsieur le Maire" mais "Iacono matricule 11547". C'est ainsi.

Transfert de cellule

La journée n'est pas finie. Je dois rencontrer "l'assistante sociale".

C'est une femme d'un âge moyen qui n'a rien à me dire, si ce n'est qu'elle est à ma disposition en cas de besoin. Je lui dis que j'ai beaucoup travaillé en tant que Maire avec une assistante sociale de cette Maison d'Arrêt de Grasse, Mme X. Elle semble se réveiller et être impressionnée par ce que je viens de lui dire. Peut-être vient-elle de découvrir que je suis Maire de Vence.

Dans l'émotion, elle oublie de me donner les quelques feuilles de papier et le stylo à bille qui sont fournis habituellement à tout nouvel entrant.

Retour dans ma cellule. Le gardien me dit de remballer mes affaires car je vais être transféré dans une autre cellule, bâtiment C. Chargé comme un baudet, portant tout mon paquetage, plus le matelas, je suis le gardien dans les couloirs, devant des grilles qui s'ouvrent et se ferment bruyamment, monte péniblement des escaliers. Nous arrivons dans un long couloir bordé de chaque côté de cellules aux portes jaunes. Le gardien s'arrête devant la première porte à droite. Il me tend un petit bout de papier.

Je suis le numéro 11547- Bâtiment C - Cellule 653. Je fais un pas dans la cellule. Il referme immédiatement la porte. Les gardiens ne rentrent jamais dans les cellules.

Me voilà dans mon nouvel appartement de 9 m2. Un lit métallique, un lavabo, un plan de travail, un coin w.-c. Je trouve que ce n'est pas mal. Je ne vois ni n'entends personne. Je suis comme un solitaire sur son bateau. Sauf que ma seule échappée visuelle est un rectangle qui permet de découvrir le bâtiment en face. Pas la moindre trace de verdure. On n'aperçoit pas la mer. Par contre, tout autour du bâtiment, le sol est jonché de débris alimentaires, de pains entiers, d'emballages... Les rats doivent se régaler.

Un peu avant midi, un bruit de clé me fait sursauter (il me deviendra vite familier). La porte s'ouvre, c'est le repas. Deux détenus font avancer un chariot et distribuent les plateaux. Le gardien qui les accompagne ouvre successivement chaque porte et la referme immédiatement. Cela a duré quelques secondes. Mais ce fut une petite bouffée d'air, un petit contact humain, le premier depuis 3 jours.

Je mange. Je trouve même cela pas trop mauvais. Je bois un peu d'eau du robinet.

« Je vois dans tes yeux, tu es innocent. »

Au début de l'après-midi, bruit de clé, le gardien ouvre la porte et me tend un petit bout de papier *"Iacono, Infirmerie"*. Il m'indique le chemin et je commence à circuler "seul" dans ces grands couloirs, fermés par une succession de grilles. Pour les ouvrir, on appuie sur un bouton contre le mur et on attend. L'attente est plus ou moins longue. Un déclic, la porte s'ouvre. On passe et on referme la grille derrière soi. Ainsi, j'avance peu à peu vers l'infirmerie, suivi bien entendu par les caméras de vidéo surveillance.

Je me retrouve ainsi dans une petite salle d'attente meublée de quelques chaises plastiques, en compagnie d'un jeune Maghrébin d'une vingtaine d'années. Il a l'air très à l'aise, apostrophant des "copains" à travers la petite fenêtre fermée par des barreaux.

Un moment, il se tourne vers moi et me lance : *« Pourquoi t'es là ? Qu'est-ce que tu as fait ? »*

J'appréhendais ce moment. Je ne veux pas parler de l'accusation lancée contre moi. Je sais que les "pointeurs" sont souvent agressés par les autres détenus. J'hésite et puis je lui dis : *« Il y a un complot familial contre moi. On m'accuse d'avoir agressé un enfant, alors que je n'ai rien fait, je n'ai jamais touché un enfant. »*

Un moment de silence. Il me dévisage. Il a des yeux bleus perçants. Et puis calmement il me dit : *« C'est sûr, tu es innocent. Moi je sais, tu es innocent. Je vois dans tes yeux. »*

C'est la première fois depuis mon interpellation que l'on m'adresse des paroles apaisantes. La première fois que quelqu'un m'écoute et me croit. J'en suis ému. J'ai envie de l'embrasser. Je le remercie et puis on parle de lui. Il va bientôt sortir. Il a fait plus d'un an de prison. Il retourne à Marseille.

Puis visite par le médecin de la prison. Attitude sèche, à distance. On ne me serre pas la main. Je demande un stylo car je n'ai rien pour écrire et j'ai tant envie de gribouiller quelque chose, n'importe quoi. J'ai l'impression qu'écrire me fera du bien, me prouvera que je suis bien en vie. D'ailleurs, mon premier geste d'écriture sera une lettre de démission adressée au Préfet. Pour en finir, en finir avec toute cette horrible histoire. Pour ne plus penser au passé, à la vie extérieure, à la Mairie, à ma famille, à mes amis.

Vivement un trou de souris pour m'y blottir, la tête entre les mains, me boucher les oreilles, ne plus rien entendre, arrêter le cours des pensées. Je n'en peux plus. Trois jours que cela dure.

RENCONTRE AVEC COEHLO

Je retourne vers ma cellule, refais à l'envers cette marche dans les couloirs, cette attente devant les grilles. Et brusquement, je réalise l'étendue de ma détresse, de ma solitude, de mon impuissance, de mon désespoir. Mes yeux s'embuent. Je n'arrive pas à maîtriser les larmes. Je croyais n'être plus capable de pleurer et me voilà sanglotant comme un enfant. Une infirmière qui passait dans le couloir vient vers moi, me demande si ça va et me conduit à la Conciergerie. Le concierge voit mes larmes. Il s'apitoie.

Je lui dis : *« Regardez, je suis sale, je n'ai pas de vêtements de rechange, je n'ai pas de quoi écrire ou lire. Je n'ai rien, plus rien... »*

Il me donne une chemise, du papier, un stylo et un livre qui traînait dans un coin : "L'Alchimiste" de Paul Coelho.

J'avais atteint le point le plus profond de mon désespoir. Coelho et son alchimiste allaient m'aider à remonter la pente, à retrouver un sens à mon malheur, à me donner une lueur d'espoir au fond du gouffre.

Je dévore ce roman. Je bois littéralement les mots qui coulent en moi comme un breuvage apaisant. Je ne suis plus seul ; toute l'humanité est avec moi, avec ses souffrances. L'épreuve que je vis prend une autre dimension, une autre signification. Comme l'écrit l'auteur : *"En général, la mort fait que l'on devient plus attentif à la vie."*

La prison aussi. Je serai plus attentif à la vie dorénavant.

J'ai décidé de vivre, de survivre, pour moi, pour ma femme, ma fille, mes proches, pour la vérité qui finira bien par éclater un jour à la face des accusateurs, pour ne pas donner raison à mon fils qui a prédit froidement que je me suiciderais en écrivant une lettre où j'affirmerais mon innocence. Il faut que je donne un sens à mon malheur et pour cela que je commence par l'accepter, ne plus gémir sur cette énorme injustice et la considérer comme une épreuve de la vie. Je pense à ces enfants juifs embarqués à Vence en 1943, emmenés à Auschwitz, séparés de leurs parents et finissant leur vie dans une chambre à gaz. Je pense à mon ami Jacques, médecin et maire de Vence pendant moins d'un an, emporté par un cancer en quelques mois.

Alors pas de plainte, pas de pleurs. Chacun sa croix. La mienne est particulièrement douloureuse parce que c'est mon propre fils qui plante les clous mais je suis toujours là, en vie, et décidé à me battre. Merci Coehlo !

14 JUILLET EN PRISON

Dès le second jour, je décide de sortir en promenade. Lorsque le gardien hurle dans le couloir *" promenade»*, *il* faut appuyer sur un bouton qui lui signale qu'on veut y aller.

Me voilà dans une cour entièrement fermée en compagnie d'une trentaine d'autres détenus.

Les premiers contacts sont plutôt sympathiques. Chacun essaie de m'approcher, de me parler, de me donner un conseil.

Je leur dis que je suis complètement innocent, qu'il s'agit probablement d'un complot familial. Ils écoutent mon histoire, mes hypothèses, mes arguments, d'une oreille distraite. Inévitablement, cela se termine par : « *Tu sais, c'est comme moi, je n'ai rien fait. Mais on ne peut pas faire confiance à la Justice.* »

De ces promenades, je garderai un sentiment mitigé. Certes, je trouve dans cette cour grillagée, auprès des uns et des autres, de la chaleur humaine, de la solidarité, de l'amitié même, mais j'ai aussi le sentiment en les écoutant que nous sommes tous prisonniers d'une énorme machine, la Machine Judiciaire, qui décidera de notre sort, de notre vie et que nous aurons bien du mal à nous en sortir. J'ai souvent hésité à sortir en promenade pour ne pas revenir en cellule, découragé, désespéré.

Mais il est bien difficile de rester enfermé seul dans une pièce de 9 ou 10 m2, 24 heures sur 24, de n'apercevoir à travers les barreaux qu'un bâtiment de béton, terne, gris et jaune, de n'avoir pour horizon qu'un petit coin de ciel. Il faut aller en promenade. C'est le seul moment, dans cet univers carcéral, où l'on peut marcher sur 50 mètres, échanger avec d'autres humains. Car les gardiens, obéissant aux consignes, ont pour la plupart une attitude distante, froide, impersonnelle. Ils semblent d'ailleurs assez malheureux de cette situation et quand ils le peuvent, sans se faire remarquer, ils échangent quelques mots avec un détenu.

J'ai du mal à réaliser ma situation : nous sommes le 14 juillet de l'an 2000 et je suis en prison.

Alors que je devrais être chez le Préfet, à la réception qu'il donne en l'honneur de la République, dans cette magnifique salle de sa résidence, avec tous mes collègues. Le directeur de la Maison d'Arrêt doit y être. Il est certainement très entouré aujourd'hui.

« Et Iacono, comment est-il ? Comment va-t-il ? C'est terrible, cette histoire... »

De quoi alimenter les conversations. Et moi, je marche de long en large dans cette cour d'une cinquantaine de mètres dans sa plus grande dimension. Certains en font le tour, d'autres la parcourent en diagonale. Les plus jeunes, au pas de course. De petits groupes se forment par affinités. Il y a des clans. On me conseille : *« Ne va pas avec celui-ci, il a violé sa petite-fille... tu vas te faire cataloguer. »*

D'autres m'assurent de leur protection. Un détenu corse, qui se prétend responsable du milieu, me dit que je n'ai rien à craindre car il me protégera. Fouzi, le mari de la femme de ménage de ma mère, est là aussi. Il me rassure et me dit qu'il a prévenu tous les Maghrébins : *« Il est comme mon père, alors personne ne le touche ! »*

Les informations à la télévision, les déclarations de ma fille, la manifestation annoncée à Vence, impressionnent favorablement les plus jeunes. À travers le grillage de la cour, certains me disent : *« Il faut que tu cries ton innocence, parce que nous, on a vu dans tes yeux que tu n'es pas coupable. On va faire un comité de soutien et on va te protéger. »*

Combien ces témoignages, ces gestes d'inconnus, délinquants de toutes sortes, m'ont aidé à surmonter ma détresse morale. Jamais plus je ne pourrai rejeter ou condamner un de ces jeunes "perdus". Ils vivent chacun une épreuve encore plus terrible que la mienne et, malgré tout, ils gardent au fond d'eux-mêmes, enfoui sous une écorce épaisse construite peu à peu au cours des épreuves qu'ils ont traversées, le bien le plus précieux, celui qui donne à l'homme sa dignité, celui qui fait de chacun un enfant de Dieu, ce principe d'humanité.

Quel gâchis humain, cette prison, ces jeunes enfermés à ne rien faire !

Quelle tristesse de voir comme ils sont traités. On en fait des êtres infantilisés, déstructurés, sans repères.

Pour eux, la sortie de prison, ce sera quoi ? À nouveau la quête d'une place dans la société mais avec de moins en moins de chance de l'obtenir : pas d'argent, pas d'amis ou si peu, pas de qualification et surtout un casier judiciaire. Ils savent qu'ils ont peu de chance de s'en sortir. Et pourtant, je suis convaincu qu'il y a un potentiel humain extraordinaire dans ces cours de prison.

MA CORRESPONDANCE À GRASSE

C'est à travers quelques lettres envoyées à mes proches que je voudrais donner une idée de mon séjour à la Maison d'Arrêt de Grasse. Une idée seulement et en grande partie faussée par le souci que j'avais de rassurer ma famille.

J'ai pu être seul dans ma cellule, comme beaucoup d'autres à cette époque. Le service "isolement" de la Maison d'Arrêt de Grasse était relativement vaste.

Je n'ai bénéficié d'aucune mesure particulière, d'aucun "privilège" en rapport avec ma situation d'homme public et je n'en ai sollicité aucun.

À la relecture de ces lettres, je constate que quelques jours à peine après mon interpellation, j'avais compris l'essentiel des motivations des personnages de ce psychodrame familial. Je doutais déjà de la validité des examens médicaux initiaux sans être expert en la matière. Mais personne n'était alors prêt à m'écouter. Le Juge d'Instruction ne m'avait pas interrogé sur ces problèmes familiaux. Cela ne l'intéressait pas. Mes avocats ne pensaient qu'à une chose : me faire sortir de prison. Les psychologues et pédiatres, eux, essayaient d'évaluer si j'avais les caractères d'un pédophile.

Je ne pouvais me confier qu'à ma femme et à mes proches. L'affaire ne pouvait que s'enliser.

Le 14 juillet 2000 -17 heures

Chers tous,

Ma première lettre, depuis ma cellule, pour vous donner quelques nouvelles. Elle ne partira que lundi prochain en raison du week-end du 14 juillet. Ici tout est lent. Il faut patienter, toujours patienter...

J'ai fait ce matin une première promenade. Bien sûr, tout le monde ici connaît mes mésaventures par la télé et la presse. Mais dans ce nouvel univers, je ne suis plus que le matricule 11547...

Je pense aussi à vous, au chagrin que vous devez avoir, aux mille soucis de Jeanine, Cécile, Guy. Quel gâchis ! L'avocat m'a dit que maman tenait bien le coup. Il faut qu'elle dorme, sinon consultez un médecin. J'ai besoin de tout le monde en forme dans cette épreuve !

J'ai entendu, hier soir, à FR3 qu'une réunion publique de soutien devait avoir lieu. Dites merci à tous ceux et à toutes celles qui me font confiance. J'ai besoin de sentir cette confiance que je n'ai jamais, jamais, jamais trahie...

L'épreuve aura cela de bon (et seulement cela) de me révéler combien je suis attaché à chacun de vous, combien je vous aimais, sans penser à vous le dire ; de me révéler combien on perd de temps et d'énergie pour des broutilles, oubliant l'essentiel : aimer son prochain.

Protégez bien le petit Adrien de toute cette agitation.

Et papa ? Se plaît-il dans son appartement ?

Et toi, ma petite Jeanine, te voilà avec des problèmes immenses à régler malgré ta douleur. La douleur d'une épouse, la douleur d'une mère, la douleur d'une grand-mère...

Voilà les nouvelles de la cellule 653 ...

Samedi 15 juillet —18h15

Bonjour à tous,

Voilà, j'ai pris mon repas du soir. Il est servi vers 17h45 et si on veut le manger tiède, il vaut mieux ne pas attendre. Au menu, 3 œufs durs avec une sauce, des rondelles de pomme de terre, une mini-salade verte et un yaourt. Vous ne le croirez pas, et bien, j'ai mangé deux œufs et une partie des pommes de terre. C'est pas mal, non ?

Ensuite j'ai fait la vaisselle : une assiette, une cuillère, une fourchette, un petit couteau à bout rond. À l'eau chaude simple, en utilisant le gant de toilette de la Maison d'Arrêt puisque maintenant j'ai mes propres gants de toilette. Quand tout fut propre, je me suis fait un petit plaisir; vous avez deviné... un café, le fameux expresso de la prison : un peu d'eau tiède du robinet dans le verre avec une cuillerée de Ricoré.

À 17 heures, l'infirmière m'a fait avaler, devant elle, le comprimé de Mépromizine que m'avait prescrit le médecin de la Prison. J'avais signalé que je ne dormais pas la seconde partie de la nuit. Le médecin m'avait donc indiqué ce médicament en précisant bien : *« Ne le prenez qu'en vous couchant, vers 22 heures. »* Et bien, je n'ai pu convaincre l'infirmière et j'ai dû avaler le comprimé devant elle à 17 heures. Résultat, je tombe de sommeil vers 10 heures et me réveille complètement à trois heures du matin.

Lundi 17 juillet -10 heures

Coucou, comme dit Cécile. Un petit coucou pour être avec vous, près de vous.

Ce matin, je me suis réveillé à 6 heures. J'ai sauté du lit car il ne fallait pas que je rate la remise de mon premier courrier. En effet, le gardien ouvre la porte à 7 heures et la referme aussitôt. Il faut être derrière et avoir ses lettres à la main. Sinon il faut attendre le lendemain.

Je me suis rasé (à la savonnette, ça marche). J'ai pris un café Ricoré à l'eau tiède, un bon morceau de pain avec du beurre et pris d'une véritable frénésie de nettoyage, j'ai commencé à passer la serpillière partout sur le sol. Maintenant tout est impeccable.

Bref, je m'organise pour vivre dans un univers tellement différent de celui que je connais. J'oublie le passé, je ne le compare pas au présent, évitant de pleurer sur mon sort. Je crois que c'est la condition pour survivre en bon état et pouvoir mettre son énergie à résoudre la situation.

La promenade a été un moment agréable. La cour n'est pas très grande, mais on va et on vient par petits groupes et on parle, on parle. Ensuite, on s'assied dans un coin, au soleil. Je fais connaissance avec des gens que je n'aurais jamais osé aborder il y a seulement quelques jours.

En rentrant de promenade, il y avait douche (trois fois par semaine). J'en ai profité pour me laver la tête. Et maintenant me voilà près de vous, à vous raconter ma nouvelle vie, bien installé devant ma fenêtre avec vue imprenable sur les poubelles de la prison. On a surnommé cette prison le Monastère et il est vrai que nous y menons une vie presque monacale. Il faudrait cependant penser plus à Dieu qu'à l'affaire qui me concerne.

Je vais essayer d'aller à la messe du samedi matin. Pour cela, courrier au chef dès demain matin.

Dans l'escalier, en remontant de la promenade, un des détenus m'a dit : « *Tu as lu le journal, il y a une manifestation prévue à Vence pour te soutenir.* » C'est bien, c'est formidable. Je ne saurai jamais remercier assez ceux qui m'aident en ce moment et qui continuent à me faire confiance. Il faut que la vérité apparaisse, vite, pour moi bien sûr mais surtout pour l'enfant que je sens de plus en plus menacé. Nous en parlerons ensemble et avec mes avocats.

Ne vous faites pas de souci pour moi. Concentrez-vous sur le sujet tout en étant vigilants !

17 juillet 19h 15

Un petit bonsoir à tous,

J'ai rencontré Frédéric[1] ; j'étais un peu ému mais cela m'a fait du bien. Et puis j'ai reçu du courrier abondant, chaleureux. Tous les mots me touchent, je voudrais y répondre mais je n'ai droit qu'à 10 timbres par semaine, alors j'économise. Peut-être faudrait-il envoyer une petite lettre à chacun pour leur dire que

---

[1] Directeur Général des Services de la ville de Vence

leur message a été transmis, que je les remercie vivement et que je ne peux répondre pour le moment. À vous de voir.

Tous ces messages me vont droit au cœur, le moral remonte. Je n'oublierai jamais ces gestes, ces mots. J'ai été particulièrement touché par la lettre du père Costa. J'aurai besoin de son aide pour me rétablir, besoin d'amour et de spiritualité.

Merci à Anne[2], sa lettre est magnifique. J'ai pleuré en la lisant. Mais elle m'a fait du bien.

Merci à tous. J'ai mis toutes ces lettres dans un petit sac plastique et les relirai quand j'en aurai besoin.

Pour le Juge, il faudrait recueillir tous les témoignages qui prouvent le bonheur de l'enfant lorsqu'il était avec moi, son caractère indépendant, voire directif, et puis tous les témoignages montrant le souci et l'inquiétude que j'avais en pensant à lui. Beaucoup m'ont vu les larmes aux yeux. Combien de fois ai-je demandé conseil aux uns et aux autres ? Me Simonetti et Me Delenclos sont au courant de la rupture et de mes soucis ; elles peuvent en témoigner. J'ai écrit à Mme Istre, l'institutrice de Gabriel à l'école du Ruisselet, demandant à ce que l'enfant soit présenté à un psychologue scolaire. J'ai téléphoné plus tard à la directrice de l'école. J'ai prévenu la mère, les grands-parents maternels. J'en ai parlé à tous ceux qui sont autour de nous, à Agnès, à Monique, à Jacqueline, à Patrice, à Josée...

Allez, je vais vous laisser, regarder peut-être un peu la télé et puis dormir. C'est bien, je ne fais aucun rêve, aucun cauchemar surtout.

Quelle chance j'ai d'avoir une telle équipe autour de moi et surtout une femme et une fille aussi fortes ! Vous m'épatez, mes chéries.

---

[2] Anne Sattonnet, mon adjointe à l'urbanisme et future ptésidente de mon Comité de Soutien

19 juillet 15h30

Bien chers tous,

Bien installé devant ma fenêtre pleine de soleil, j'ai envie de parler un peu avec vous, de vous retrouver.

Je viens d'entendre une émission télé très intéressante sur la 5. Le sujet traitait de la façon de réagir des enfants qui ont subi un traumatisme psychologique. L'invité était un neuropsychiatre, Cyrulnik, auteur du livre *"Un merveilleux malheur"*. J'aimerais beaucoup le lire. Bien sûr, j'ai pensé au petit Gabriel, au manque d'affection, à ses difficultés à bien se développer, mais aussi à cette possibilité de se reconstruire après un traumatisme, la résilience. Il y a de l'espoir pour Gabriel lorsque l'affaire sera réglée, j'en suis convaincu et cela me donne une force nouvelle. Pourvu que l'enfant soit présenté à des psychologues de qualité, pourvu que l'enquête familiale soit profonde, étendue, détaillée. Me Ricord m'a indiqué que le mandataire de l'enfant avait été désigné. Bon signe. *"Ça avance"*, comme dirait papa.

Je n'ai pas encore trouvé le moyen d'avoir des timbres à volonté et j'hésite à répondre à tous les messages d'amitié qui m'ont fait verser quelques larmes. C'est tellement touchant. Qui viendra me dire qu'une parcelle de Dieu n'est pas en chaque homme ?

L'aumônier de la prison m'a rendu visite et m'a inscrit sur le listing de la messe du samedi. Il a été très chaleureux. D'ailleurs, ici, beaucoup sont très gentils avec moi. Tout le monde suit mon affaire sur Nice-Matin et à la télé et me rassure sur les suites.

À la promenade, ce matin, j'ai joué aux cartes, au 8 américain. Je vous apprendrai.

Et puis j'ai reçu mes petits suppléments. La première chose que j'ai goûtée, tu le diras à Marc, c'est le tic-tac à la menthe. Cela me rappelle les réunions d'adjoints et les conseils municipaux...

Je pense de plus en plus à Gabriel et des phrases, des attitudes, me reviennent à l'esprit. Cet enfant m'appelait au secours et je ne comprenais pas.

Ainsi, il y a un an environ, nous étions ensemble à l'Holiday Inn de Reims, je ne sais plus à quelle occasion. Nous sommes allés dîner dans la salle de restaurant, l'un en face de l'autre. À un moment, il s'est levé, a poussé sa chaise contre la mienne, s'est assis tout contre moi en disant : *« Je veux être à côté de toi. »*

J'étais un peu gêné, car cela bousculait l'ordre des tables et des chaises mis en place par le maître d'hôtel.

Puis, dans la chambre, nos lits étaient côte à côte, mais il voulait absolument dormir dans mon lit, près de moi et il m'a posé des questions étranges pour son âge comme : *« Comment il est le diable ? Jésus, qui c'est ? »*

Et puis combien de fois m'a-t-il demandé :

« Le Maire, c'est le chef mais à Reims aussi ? »

Jusqu'au jour où d'un ton péremptoire, il m'a déclaré : *« Tu es le chef à Vence mais pas à Reims. »*

Sa mère avait d'ailleurs insisté auprès de moi pour que je ne lui parle plus de maire ou de mairie. Cela semblait gêner les parents.

Ainsi cette petite anecdote : il y a trois ou quatre ans, Gabriel vient à Vence pour Noël, je crois. La maîtresse leur avait demandé de rapporter une carte postale de l'endroit où chaque enfant avait passé ses vacances. Je lui ai acheté une carte chez Mme Bellon. Il en a voulu une pour la maîtresse, puis une pour un copain... Finalement, je lui en ai pris une pour chaque élève de sa classe, 21 ou 22, je crois. Je lui ai proposé de signer chaque carte. Comme cela, il allait être fier de prouver qu'il était bien le petit-fils du Maire de Vence. Il acquiesça. Quelque temps après, je lui demandai s'il avait donné les cartes postales. *« Non »* me dit-il. Apparemment, les parents les avaient saisies. Je n'ai pas insisté.

Il y a quelques mois seulement, donc en pleine crise, il me demande au téléphone et brusquement, il me dit : « ***Tu es encore Maire de Vence et tu le seras encore ?*** »

Manifestement quelque chose trottait dans sa tête.

J'espère que tout cela s'expliquera dans peu de temps et que les dégâts ne seront pas trop graves.

Je me souviens aussi de la "crise" qu'il avait faite dans la voiture en partant pour l'aéroport à la fin des vacances de février 98. Il fut pris d'un véritable tremblement accompagné de pleurs. Il me dit entre deux sanglots qu'il avait oublié ses bonbons à la maison et que sa mère allait lui demander des comptes. Puis, quelques minutes plus tard, il se remit à pleurer parce qu'il avait des tennis aux pieds alors qu'il allait pleuvoir à Paris. En réalité, le retour chez ses parents semblait le terrifier. Il avait peur du père, une véritable terreur. Malheureusement, la mère suivait à la lettre les directives du père et cet enfant n'avait aucun endroit pour se protéger. Et nous qui n'arrêtions pas de lui dire stupidement : « ***Tu vas retourner voir ton papa et ta maman et tes petits copains… tu es content, hein ?*** »

Quel calvaire il a dû vivre !

Dimanche 23 juillet

Bonjour à tous,

Un beau dimanche s'annonce. J'espère que vous êtes tous en forme et que vous allez profiter de cette belle journée.

Moi, ça va. Comme d'habitude, je me suis réveillé tôt. C'est vers 5-6 heures que je pense le plus à l'affaire, un peu comme pour la Mairie. L'esprit est reposé, actif. Je revois tous les éléments, j'émets des hypothèses. J'analyse, je passe tous les scénarios au crible. Je vous ferai part un peu plus loin de mes nouvelles réflexions matinales.

Je saute du lit vers 6h15, 6h30. Toilette. Lit (je le fais soigneusement tous les jours). Petit-déjeuner avec de la marmelade d'orange. Vaisselle. Tenue vestimentaire : je la choisis moi-même (enfin !).

À 7 heures, le surveillant ouvre la porte et dit bonjour. Il prend le courrier, sauf le week-end. Ensuite, il y a la promenade, soit de 7h45 à 9h30, soit de 9h45 à 11 h. C'est aléatoire. Mesure de sécurité…

Ces récits que j'imagine (mais probablement proches de la réalité), montrent que tout tourne autour du diagnostic du médecin qui a examiné les cicatrices. Si elles existent, il faut chercher l'auteur de tels sévices. Si elles n'existent pas, on entre dans un simple domaine psychologique autour du père, de la mère, de l'enfant et de moi-même.

Il faut attendre le résultat de l'expertise pour reprendre la réflexion.

Voilà ce qui me passait par la tête ce matin à l'aube.

J'espère, un jour, revoir se lever le soleil en me disant : *« Que la vie est belle ! »*

Courage à tous !

Mercredi 13 septembre - 16h30

Mes chéries,

Assis devant ma fenêtre, devant un ciel un peu gris avec quelques nuages, je viens passer un moment avec vous. Les 3/4 d'heure de parloir me paraissent bien courts surtout lorsqu'on a tant de choses à dire sur ce dossier si compliqué. Et puis là, sur ma feuille de papier, j'ai le monopole de la parole !

Deux mois ont passé. Deux mois difficiles pour nous tous ; heureusement que nous nous sommes soutenus si fort. Il faut que cela continue ; je devine que quelquefois vous devez être à bout, à bout des coups de téléphone, des démarches, des pensées. Et moi qui ne vous présente pas toujours un visage serein ! Qui manifeste de l'inquiétude ! Il faut me pardonner, j'ai quelquefois ces faiblesses. Je ne suis pas assez fort, pas assez zen.

On m'a interrompu pour me donner le courrier. Le gardien, aujourd'hui, est le plus sympa. Il demande le matin : « *Alors, comment ça va ?* » Après, il ouvre la porte en disant : « *Alors, une petite douche ?* » Là, il vient de me dire : « *Encore des lettres. C'est bien. Ça vous distrait.* »

Combien ces quelques mots, le ton employé, sont précieux et différents de l'attitude des autres gardiens...

Ce matin, j'ai un peu changé la disposition de mes affaires : la bibliothèque est sur l'étagère du haut, la télévision au dessous et sur le plan, devant la fenêtre, j'ai mis dans un coin les quelques éléments de cuisine. J'ai fait l'acquisition d'un petit réchaud avec capsules d'alcool à brûler. Ça m'a permis de réchauffer de la purée et un morceau de pizza dans la casserole.

J'ai l'intention de vous faire un petit dessin de ma "chambre" inspiré par Matisse ! Aurai-je son talent ? J'ai commandé des crayons de couleur pour que ce soit plus beau.

Je lis en alternance la Méditerranée de Braudel (c'est une relecture), le Matisse, les chroniques de San Francisco et Libération, (c'est normal) chaque jour. Je suis, à la télé, les informations régionales, les matchs de foot et des émissions sur la 5.

Il y a un canal propre à la Maison d'Arrêt où l'on trouve quelquefois de bons films dans la journée. Aujourd'hui, j'en ai suivi partiellement deux : l'un avec Redford sur une prison américaine où les prisonniers étaient très mal traités, torturés, assassinés... l'autre sur des trafiquants de drogue avec meurtres horribles en série. Je ne sais qui fait le programme télé à destination des détenus mais il pourrait choisir des films plus sympas et moins violents.

J'ai toujours des séquences de sommeil de 5 heures environ que je complète souvent par une sieste d'une heure ou d'une demi-heure. Je préfère pour le moment m'abstenir de tout cachet.

Cela m'a fait du bien de bavarder un peu avec vous. C'est bientôt l'heure de la gamelle, puis les informations régionales et nationales, puis le match de foot. Transmettez à toute la famille mon bonjour, mes pensées affectueuses. J'évite de trop penser à eux pour rester plus fort mais combien ils me manquent !

Allez, pas de sensibilité, il faut tenir encore et encore. J'essaie de ne pas trop penser à des échéances prochaines, à ne pas trop espérer. Nous verrons bien.

Je vais vous voir demain matin, quel bonheur !

Quelques extraits d'autres lettres

Ce qui manque le plus au détenu, c'est la vision du lendemain, l'espoir que fait naître un projet, l'espoir de la liberté... Dans le quotidien carcéral, il n'y a rien qui fasse naître une espérance. Les conditions de détention pourraient être plus rigoureuses mais en même temps chaque détenu devrait pouvoir renaître peu à peu par un projet de vie, à court, moyen ou long terme. Le travail qui est proposé ici est un travail manuel, répétitif, sans intérêt, alors qu'il y a un potentiel humain qui pourrait être mieux utilisé. C'est un vaste problème, certainement pas facile à résoudre.

Hier, samedi, j'ai pu aller le matin à la messe et l'après-midi au groupe de paroles. Les visiteurs et l'aumônier Paul sont formidables de simplicité, de chaleur et de gentillesse. Ils rayonnent de bonheur comme beaucoup de ceux qui sont proches de Dieu, ainsi le père Costa, ainsi Denise…

Vendredi, il a fait particulièrement chaud dans la cellule. J'ai mis une serviette mouillée à la fenêtre et arrosé le sol.

Voilà pour ce week-end, le dernier d'août. J'espère que septembre nous apportera du nouveau, du nouveau sur la voie de la justice pour moi et pour le petit et sur la voie du réconfort pour vous tous qui souffrez. Cette espérance me donne envie de vous citer trois vers imprimés sur la feuille remise à la messe :

" Si l'espérance t'a fait marcher plus loin que ta peur
Tu auras les yeux levés
Alors tu pourras tenir jusqu'au soleil de Dieu. "
C'est beau et c'est notre espérance à tous... Christian

LES DEMANDES DE MISE EN LIBERTE

Pendant ces trois mois passés à la Maison d'Arrêt de Grasse, je suis allé trois fois à Aix-en Provence devant la Chambre d'Accusation pour faire appel du rejet par le Juge d'Instruction de mes demandes de mise en liberté. Chaque fois, ce fut pour moi une épreuve difficile.

Le jour de la comparution, je suis convoqué de bon matin au bureau des entrées de la prison et placé dans un petit réduit nu, de quelques mètres carrés, meublé d'une vieille chaise en plastique. J'attends là que les gendarmes arrivent.

Après une attente souvent longue, j'entends le bruit des véhicules, puis du remue-ménage dans le couloir. Un gardien vient m'examiner en détail pour voir si je ne cache rien et me donne le costume que ma femme a apporté lors de sa précédente visite.

Ensuite, c'est le trajet dans un véhicule de gendarmerie, menottes aux poignets, un jeune gendarme à mes côtés. J'aperçois les files de voitures de touristes. Ils sont là, indifférents à ce petit cortège de voitures de gendarmerie, ignorant les hommes qui sont là, si près d'eux, portant toute la souffrance humaine.

Je regarde ces voitures de touristes que nous croisons, les visages radieux des vacanciers et ne peux m'empêcher de penser que mon fils, Philippe, est peut-être dans l'une d'elles, avec ses enfants, en route pour Saint-Tropez, comme je l'apprendrai ensuite.

Arrivé devant le Palais de Justice d'Aix, je suis conduit, ou plutôt tiré par le jeune gendarme, au sous-sol du bâtiment dans une grande salle, complètement nue. Deux grandes banquettes en pierre se font face ; sur ces banquettes sont scellés des crochets métalliques.

Je suis "rattaché" par ma menotte au crochet. L'attente commence. Nous sommes là comme du bétail, attendant de passer à l'audience de l'après-midi. L'impression est horrible. Les plus endurcis parlent, plaisantent. Les autres se taisent, enfermés dans leurs pensées.

Je m'interroge. Comment en suis-je arrivé là ? Comment un Maire en fonction, officier de Police Judiciaire, récemment décoré des Palmes Académiques, peut-il se trouver dans cette "boucherie", traité comme une bête, entouré des plus grands délinquants du Sud-Est de la France ? Je n'ose même pas dire qui je suis aux autres détenus ; ils ne me croiraient pas. **Il n'y a donc dans ce pays aucun respect pour ceux qui représentent la République, les représentants du peuple.**

Deux ou trois heures d'attente et les jeunes gendarmes reviennent. Ils prennent chacun un détenu par son bracelet. On me tire dans un escalier où tout le monde est entassé, attendant que son nom soit appelé pour entrer dans la salle du Tribunal. Nouvelle attente. La fatigue gagne peu à peu ; l'ambiance est tendue. C'est le moment que j'attends depuis des jours, ce moment dans lequel j'ai mis tant d'espoir. Pourvu que...

Je suis poussé dans la salle d'audience. Je découvre un décor classique de salle de Tribunal. Le président en robe noire est entouré de deux autres magistrats. On m'enlève les menottes ; le gendarme reste derrière moi. Comme dans les films… sauf que ce n'est pas du cinéma. Je cherche mon avocat, son regard bienveillant me rassure un peu. Et la séance commence. La lecture de l'acte d'accusation détaille à nouveau, de façon froide, les faits horribles que j'aurais commis sur mon petit-fils. J'ai honte, honte que l'on puisse dire ces choses aussi infâmes.

Je voudrais arrêter le discours du magistrat et crier, hurler : « *Mais il n'y a rien de vrai dans tout cela !* » Je suis au bord de la nausée mais il faut aller jusqu'au bout.

Heureusement, ensuite, mon avocat plaide et il le fait bien. Ses paroles me font du bien. J'approuve quelquefois de la tête comme pour l'encourager.

Il termine sa plaidoirie en citant la conclusion de l'enquêteur :

« **Christian Iacono a mené une vie exemplaire comme époux, père, grand-père, médecin et homme politique.** »

Le président, étonné : « *Mais d'où sortez-vous cette enquête, Maître ?*

— *C'est celle qui a été demandée par le Juge d'Instruction* », répond mon avocat.

Nous comprenons que le Juge d'Instruction s'est bien gardé d'envoyer à la Chambre d'Accusation un rapport qui m'était si favorable. Il tenait probablement tant à ce que je reste en prison. Il s'est, paraît-il, mis en colère lorsque la Chambre m'a accordé la libération après ma troisième comparution. Pourquoi ?

PREMIÈRE REMISE EN LIBERTÉ PROVISOIRE — 13 OCTOBRE 2000.

La troisième demande de mise en liberté fut la bonne. Et pourtant je n'y croyais pas. En effet, mon troisième passage devant la Cour d'appel ne s'était pas très bien passé. Mon défenseur, Me Cardix, avait été interrompu dans sa plaidoirie par le Président du Tribunal :

« Si vous voulez bien conclure, Maître ! »

Quant à moi, je réussis à contenir mon émotion et à plaider ma cause en quelques minutes, mais selon mon avocat avec beaucoup de sincérité.

Je repris le chemin du retour, enfermé dans une petite cage grillagée, à l'arrière d'une fourgonnette de la Gendarmerie, en compagnie d'autres détenus aussi abattus que moi. Personne ne disait un mot. La liberté semblait nous échapper une fois de plus.

Aucune nouvelle du délibéré à l'arrivée à la Maison d'Arrêt de Grasse. Plus qu'une chose à faire : se jeter sur son lit et attendre le sommeil.

Le lendemain matin, j'avais "double parloir" à 9 heures avec mon épouse et ma fille. Elles avaient un petit sourire pour m'accueillir, me réconforter, car j'avais un visage triste. Je leur dis que j'avais peu d'espoir d'être libéré et que je n'avais plus l'intention de faire de demande. Je trouvais la démarche inutile, puisqu'il n'y avait aucun élément nouveau à attendre, et trop pénible, humiliante, stressante.

Ma femme me rapporta les paroles de l'avocat. Il était assez pessimiste, mais, lui avait-il dit : *« Votre mari a bien parlé ! »*

« Il faut garder l'espoir tant qu'on n'a pas reçu le délibéré », tel était le message de Jeanine avant de nous quitter vers 10 h 30.

Et je retournai dans ma cellule, le moral au plus bas. Je me jetai sur mon lit en réfléchissant à mon avenir : *Il faut que j'envoie ma lettre de démission, que j'oublie la Mairie, la prochaine campagne électorale. Je suis là pour au moins un an, à la disposition et selon le bon vouloir du Juge d'Instruction. Je dois l'accepter, m'organiser pour tenir, tenir bon, ne pas céder au désespoir.*

Environ une heure plus tard, le sommeil me prit, un demi-sommeil chargé de rêves confus. C'est dans cet état d'inconscience que j'entendis le bruit du verrou. Je me tournai et regardai la porte, les yeux mi-clos. Et là, quelque chose me surprit, m'interpella : le gardien était à l'intérieur de la cellule, d'un pas ou deux seulement. Mais c'était tellement inhabituel que cela me réveilla d'un coup. Je me dressai et j'entendis le gardien prononcer les paroles magiques : *« Allez, vous êtes libéré. Préparez rapidement vos affaires et je reviens vous chercher. »*

Dans les romans, il est écrit que le personnage, sous l'effet d'une grande émotion, a manqué défaillir. C'est un peu cela qui m'arriva : une chaleur intense qui vous parcourt le corps, des jambes qui flageolent, des mains qui tremblent, des larmes que l'on contient.

« Suis-je bien réveillé ? N'est-ce pas un rêve qui continue ? »

Alors, vite, je me précipite sur mes affaires, je les entasse n'importe comment dans des sacs poubelles.

Encore quelques formalités administratives, des signatures, la récupération du portefeuille, des clés... Et, ouste, dehors avec tout mon barda. Et devant moi ma femme et ma fille qui me tombent dans les bras !

En route pour la maison. Des coups de fil sans arrêt. Les amis qui débarquent avec une bouteille à la main. La fête, la joie, l'émotion, les yeux embués... et le petit Adrien qui retrouve son papy. C'est trop fort pour être décrit... alors passons.

Pendant deux jours, je ne sors pas. Je n'ai qu'une envie : rester dans ma tanière avec les miens. J'appréhende le dehors, j'appréhende d'affronter les regards, d'imaginer les pensées sous les crânes. Et pourtant je suis toujours le Maire de Vence. Il va bien falloir que je reprenne mes fonctions.

Le samedi matin, je donne rendez-vous, à la Mairie, aux journalistes locaux qui me harcèlent, et je demande à mon avocat d'être à mes côtés.

Lorsque j'arrive sur la petite place devant l'Hôtel de Ville, une foule m'attend. Tous les amis sont là. Serrements de mains, embrassades, mots d'encouragement... Le Sénateur Pierre Laffite m'accompagne. Nous tenons une petite conférence de presse. Tout se passe bien et Nice-Matin en fera un compte-rendu fidèle le lendemain.

Nice-Matin du 14 octobre 2000 :

« Vence : le maire remis en liberté. »

« Christian Iacono a regagné son domicile en fin de journée. Il compte reprendre ses fonctions municipales dans les prochains jours.

Mme Jacqueline Falcoz, qui assure l'interim depuis juillet, exprimait hier "une joie sans réserve" et ajoutait : « Dès que nous avons appris la nouvelle, nous l'avons diffusée dans tous les services où la réaction a été unanime. Nous sommes restés très solidaires autour de lui… »

J'apprendrai plusieurs semaines plus tard que mon fils, furieux de ma libération, aurait demandé au Juge d'Instruction, par écrit, de m'incarcérer à nouveau, sous prétexte que je faisais pression sur l'enfant en ayant répondu à l'interview du journaliste de Nice-Matin. Quel acharnement !

C'est avec un peu d'inquiétude que je retrouvai les Vençois. Après une telle accusation, de gros titres dans les journaux, et 3 mois d'incarcération, je me demandais quels seraient leurs regards, leurs pensées, leurs attitudes. Mais je n'avais pas le choix. Il fallait y aller. Je ne pouvais rester dans ma tanière familiale même si je m'y sentais bien. Le travail municipal m'attendait et les élections approchaient. Elles étaient prévues pour mars donc dans à peine 5 mois et j'étais décidé plus que jamais à me présenter devant les électeurs.

Puisque mon fils m'avait écrit son intention d'utiliser son enfant comme une arme, moi je choisissais le suffrage universel comme seul moyen de clamer mon innocence.

Je profitai de l'invitation d'une association de personnes âgées, le Bibliothèque Club, à leur Assemblée Générale, pour me relancer dans mes activités de Maire.

À l'heure indiquée sur l'invitation, je descends le petit chemin qui mène à la salle où se tient la réunion. La présidente m'aperçoit à travers la vitre, elle sort et se précipite vers moi, m'embrasse. Elle me dit la joie qu'elle a de me revoir. Nous nous étreignons, tout émus. Quel soulagement pour moi, quel réconfort ! Et ce fut ensuite partout ce même accueil chaleureux. Tout le monde m'embrassait, m'encourageait, me prenait dans ses bras. Bref, en quelques semaines, j'étais à nouveau complètement dans le bain municipal. J'étais redevenu le Maire, le Maire de Vence.

JE DECOUVRE LE DOSSIER

Novembre 2000

À peine remis de cette incarcération de trois mois à la Maison d'Arrêt de Grasse, je reprends donc mes activités municipales et je commence à préparer ma campagne puisque les prochaines élections approchent. C'est dans 5 mois. Mais j'ai l'esprit bien occupé par cette affaire judiciaire. J'y pense nuit et jour. Surtout la nuit, au petit matin, vers 4 ou 5 heures. Je ressasse tous les éléments. Je fais des hypothèses. Mais je n'ai pas connaissance de la totalité du dossier. J'en parle à mon avocat qui me propose de venir le consulter dans son cabinet. J'accepte et c'est ainsi que je pus lire pour la première fois la totalité des déclarations faites par Gabriel, ses parents et ses grands-parents maternels, M. et Mme S.

CELA FAIT PENSER A UN COMPLOT FAMILIAL !

Ce fut ma première impression en découvrant le dossier.

En effet, je constatais avec surprise que **Monsieur et Madame S.,** les parents d'Élisabeth, avaient demandé à déposer auprès de la Police Judiciaire et m'avaient sérieusement chargé dans leurs déclarations.

Ils n'avaient en réalité aucun élément concret et auraient dû se taire. Mais ils détaillaient longuement tel ou tel petit signal qu'aurait lancé l'enfant dans le passé, s'attardaient sur mes défauts, sur ma violence, sur mon arrogance à dominer tout le monde. Mme S. affirmait de façon péremptoire : *« Gabriel ne ment jamais. »* Ce qui signifiait en termes plus clairs : *« Monsieur Iacono est bien coupable. J'en suis certaine. »*

Je n'en revenais pas de leur part, eux qui étaient venus quelques mois plus tôt à ma remise des Palmes Académiques en Mairie de Vence et m'avaient couvert de compliments.

Les parents de l'épouse délaissée se vengeaient-ils de la famille Iacono, pensant que nous étions à l'origine du divorce ? Ou bien y avait-il quelque chose de plus grave qui s'était passé dans leur villa ou au sein de leur Communauté ?

Je me souvins que Gabriel n'allait plus chez eux depuis deux ans, lorsqu'il passait sa semaine de vacances chez nous. Cela m'avait surpris de la part de grands-parents qui clamaient haut et fort combien ils aimaient leur petit-fils. Ils ne l'accueillaient pas chez eux, ne serait-ce que quelques jours, alors que Gabriel n'était qu'à quelques kilomètres et qu'il allait repartir à Reims. Pourquoi ?

L'un des voisins de la villa des grands-parents maternels me confiera qu'une communauté se réunissait régulièrement chez eux tous les vendredis soir. Les voitures de ses membres stationnaient devant sa villa et le gênaient pour entrer chez lui. « *Mais*, me dira-t-il, *du jour où l'affaire éclata, les réunions disparurent et donc depuis je n'ai plus de problème le vendredi soir pour entrer ma voiture.* »

Complot familial? Secte ? Je ne sais pas. Entravé en permanence par mon contrôle judiciaire, je n'ai pu aller bien loin dans mes recherches.

Pendant des années, j'ai attendu, j'ai espéré que la Justice fasse une véritable enquête sur le milieu familial à Reims, sur l'environnement scolaire et périscolaire, sur cette Communauté qui se réunissait régulièrement à la villa de M. et Mme S, sur les Frères Larges.

Ni les policiers ni les Juges d'Instuction ne voulaient être distraits de leur objectif unique : **prouver la culpabilité de Christian Iacono.**

LA PAROLE DE L'ENFANT

Les déclarations de l'enfant sont, avec les constatations médicales, l'élément essentiel dans un dossier d'allégation d'abus sexuel sur un mineur. Il est important de recueillir cette parole par des professionnels expérimentés, en utilisant de préférence un protocole qui a fait ses preuves.

Audition de la mère, Elisabeth S.

En ce qui concerne Gabriel, c'est essentiellement, presque uniquement, la mère, Élisabeth, qui entend ses déclarations initiales, émises pendant plusieurs mois, de janvier à juin 2000.

L'enfant ne décrit rien de bien suspect en janvier 2000 : *« Quand mamy me changeait les couches, papy me touchait le zizi »*, ni en février : *« Sur un film de vacances, dans la baignoire avec Adrien, papy avait filmé son zizi. »* Gabriel apparaît désireux de prouver l'agression sexuelle, mais ne sait pas quoi dire exactement. Élisabeth l'interroge, lui explique la gravité de ces faits, en parle avec lui. En quelques mois, Gabriel découvre ou imagine ce qu'est un viol. Il apprend ou on lui apprend ce qui se passe dans cette situation et pour ne pas oublier, **il écrit sur un bout de papier retrouvé et signé par lui que** *« papy prend son zizi pour une sucette, lui lèche les fesses, lui souffle dans les fesses »*.

Donc il faut 5 mois à Gabriel pour en arriver à une "parole" enfin prise au sérieux par sa mère. Une parole qui n'a rien de spontanée, induite par les nombreuses discussions avec sa mère, avec aussi, peut-être, des camarades de récréation.

Écoutons Élisabeth lors de sa déposition le 3 juillet 2000 :

« Le 28/01/2000, à l'occasion d'une crise violente avec moi, où Gabriel cassait tout dans sa chambre, où il pleurait, il m'a fait des premières révélations. Je lui ai dit que s'il se comportait

comme cela, c'est qu'il devait souffrir de quelque chose, mais pour que cela aille mieux, il fallait qu'il m'en parle…

Là, assis par terre, les yeux dans le vague, Gabriel m'a dit : « C'est papy. » Il m'a dit : « C'est papy qui me fait des choses. » <u>À ma demande</u>, il m'a dit que quand il était petit, et que sa mamy allait chercher des couches pour lui, son papy lui touchait le zizi. Il s'en est tenu là... »

"À ma demande" montre encore une fois que c'est la mère qui **pousse l'enfant à raconter quelque chose**. Manifestement, il ne sait pas quoi dire. Il invente une histoire de couches, peu vraisemblable (souvenir de faits survenus à l'âge de 2 ans, 2 ans et demi !) Mais la mère va lui faire répéter ce scénario devant son père. Il ne s'agira plus de déclarations spontanées, **mais de déclarations contaminées par les questions de la mère.**

« J'ai appelé mon ex-mari pour lui faire part de ces révélations. Il est revenu le lendemain. Gabriel voulait lui en parler avec moi. Gabriel lui a redit la même chose. Il a précisé que sa mamy allait chercher les couches dans une réserve en bas de leur villa. »

La villa est de plain-pied. La table à langer est au rez-de-chaussée. Il n'y a aucune réserve de couches "en bas" de la villa, puisqu'il s'agit du garage et du vide sanitaire.

L'enfant commence à inventer pour donner de la véracité à son récit.

« Mes parents sont venus chez moi et Gabriel a voulu parler à ma mère. Là, il a dit à ma mère qu'il y avait une cassette vidéo qu'il avait ramenée de vacances. J'ai toujours cette cassette. Effectivement, sur la cassette, on voit Gabriel avec son cousin germain, Adrien. C'est le fils de la sœur de mon ex-mari. C'est Mlle Cécile Iacono. Elle habite sur Vence…

Gabriel a dit à ma mère qu'il était gêné, car sur un plan, pris à l'occasion d'un bain de Gabriel et Adrien, dans la baignoire, un gros plan de quelques secondes avait été réalisé par mon beau-père, on voyait le zizi de Gabriel... »

C'est moi qui ai réalisé cette cassette vidéo des vacances et qui l'avais donnée à l'enfant pour la montrer à ses parents.

Cette insistance de Gabriel à montrer la scène du bain est à rapprocher du récit des "couches". Il veut m'accuser, mais il ne sait pas exactement de quoi. Alors il imagine ou invente.

« J'en ai parlé à M. Saintin le mercredi 1er mars. Mais cela n'a pas été plus loin... »

Ainsi, M. Saintin, le psychologue qui suivait régulièrement l'enfant depuis près d'un an, a été informé des déclarations initiales de l'enfant. Il dira dans sa déposition en juin 2000 qu'il n'avait remarqué aucun signe faisant penser à une agression sexuelle.

Ainsi le psychologue qui suit un enfant perturbé, depuis le mois de mai 1999, et à qui la mère parle de déclarations à caractère sexuel, ne décèle aucun élément clinique en faveur de tels sévices. Il attribuera clairement les perturbations psychologiques de Gabriel à sa souffrance liée à la séparation des parents.

« Le jeudi 15/06, à 18h30, au moment du repas que l'on prenait tous les deux chez moi, Gabriel m'a demandé quand il partait chez papy. Je lui ai dit qu'il y allait début août. Il m'a dit qu'il était content d'y aller, car il pourrait surveiller papy, car il se faisait du souci pour son cousin Adrien. »

Gabriel a toujours dit qu'il était content de venir en vacances chez nous. Il ne comprenait pas pourquoi il ne pouvait rester plus longtemps avec nous.

On remarque à nouveau le caractère directif de l'enfant et son attitude "d'adulte".

« Là, j'ai dit à mon fils : maintenant dis-moi ce qu'il te fait. »

Toujours cette insistance de la mère à faire "parler" l'enfant. "**Ce qu'il te fait**" pousse Gabriel à raconter des faits.

En près de 6 mois, du 28 janvier au 15 juin 2000, Gabriel ne parle que des couches et de la cassette vidéo prise dans le bain avec son petit cousin.

Et brusquement, il va décrire des scènes infâmes, crues, avec beaucoup de froideur. La mère ne signale aucune émotion, aucun pleur, aucune hésitation, aucune gêne. C'est contraire à tout ce qui est décrit dans la littérature.

*« **Il a dit que son papy prenait son zizi pour une sucette, qu'il lui léchait les fesses, qu'il lui soufflait dans les fesses... »***

On a l'impression que l'enfant récite des mots, des phrases qu'il a apprises par cœur. Ces mots correspondent exactement à ceux écrits sur un bout de papier déchiré sur une serviette de pizzeria. Ce bout de papier a été retrouvé dans l'appartement. L'écriture est celle de Gabriel qui a signé. Pourquoi Gabriel a-t-il écrit ces quelques mots qu'il va répéter à chaque audition ? Sur une serviette de la pizzeria ? Ne serait-ce pas pour ne pas oublier ce qu'il faut dire pour accuser un grand-père ? Les enquêteurs ne s'y sont pas intéressés.

Inquiète, Elisabeth prévient son ex-mari. Celui-ci reprend l'interrogatoire ce qui permet à Gabriel de mettre au point un scénario plus ou moins fantaisiste et totalement irréaliste. Il est normal que le père, ne voulant pas prendre le risque de déclencher une affaire judiciaire, prenne toutes les précautions par un questionnement serré pour s'assurer de la véracité des faits décrits. Tout cela avant qu'un professionnel, qu'un auxiliaire de justice, ait eu l'occasion d'écouter Gabriel, de recueillir sa parole comme cela devrait se faire.

Voilà donc une parole d'enfant complètement contaminée par le questionnement de la mère puis du père, pendant près de 6 mois.

Je cite quelques autres extraits de cette audition d'Élisabeth : « *Il a dit que c'était pendant la sieste dans leur chambre, et qu'ensuite il faisait la sieste avec papy.* »

Nous n'avons jamais pu faire faire la moindre sieste à Gabriel même lorsqu'il avait deux ou trois ans. La mère le sait bien. Pourquoi ne marque-t-elle pas de surprise lorsque l'enfant parle de sieste ?

Quant à moi, je n'avais certainement pas le temps de faire la sieste. Le plus souvent je repartais à la Mairie, ou à une réunion quelconque…

« *Ensuite, il a dit qu'un jour mon beau-père allait lui donner le bain, qu'il avait oublié de fermer la salle de bains. Il dit que c'était la salle de bains du rez-de-chaussée. Il a dit qu'alors qu'il était tout nu, son papy avait baissé son caleçon, qu'il s'était mis derrière lui et qu'il avait essayé de lui mettre son zizi dans les fesses...* »

À notre connaissance, Gabriel n'a jamais pris de bains pendant son séjour estival à la villa qui ne dure qu'une semaine. Tous les soirs avant de passer à table, il y avait le dernier bain dans la piscine. Je n'ai jamais donné de bains aux enfants. Avec mes occupations professionnelles et municipales, je rentrais rarement à l'heure qui convient. J'ignorais et j'ignore toujours le rituel du bain.

« *À ce moment-là, le chat a ouvert la porte en la poussant et ma belle-mère est arrivée. Là, Gabriel m'a dit que son papy l'avait mis précipitamment dans le bain et qu'il avait rajusté ses vêtements et que de ce fait la mamy n'avait rien vu.* »

Ainsi j'étais en train de violer un enfant de 6/7 ans, la porte ouverte sur le couloir. Couloir dans lequel circule toute la famille : ma mère, Mme Iacono Anna, allant de sa chambre dans les autres pièces de la villa, ma fille, Cécile Esmengiaud et son bébé, Adrien, occupant la chambre contiguë à la salle de bains.

Quant à mon épouse, elle emprunte constamment ce couloir pour aller d'une pièce à l'autre.

« Le chat a ouvert la porte en la poussant. »

Cela ressemble à un dessin animé que regardent souvent les enfants de l'âge de Gabriel. Je ne vois d'ailleurs pas pourquoi le chat vient dans la salle de bains. Est-ce bien sérieux ?

« Mamy n'avait rien vu. »

C'est une mamy "aveugle" ! Le temps de pousser la porte, j'avais le temps de mettre l'enfant dans le bain, de rajuster mes vêtements... ! Et mamy ne voit rien ! Est-ce bien sérieux ?

« Gabriel m'a dit que deux jours après ces faits dans la salle de bains, papy s'était enfermé avec lui dans cette pièce, cette fois-ci en verrouillant la porte de la salle de bains et qu'il lui avait mis le zizi dans ses fesses. Gabriel m'a dit que cela lui avait fait mal, mais qu'il n'avait rien dit, qu'il avait eu très peur, car quand papy s'était enlevé, il avait du sang qui lui coulait sur les jambes et qu'il ne comprenait pas pourquoi il saignait. Il m'a dit qu'ensuite son papy l'avait soigné en lui mettant du coton et remis son slip et son bermuda pour que mamy ne s'en aperçoive pas... Il m'a dit que c'était l'unique fois… »

Je rappelle que cet enfant n'est resté que 6 jours chez nous, qu'il a passé le 4e ou le 5e jour à Cagnes dans la villa de M et Mme S., les grands-parents maternels, en compagnie de son père et de sa mère. Pourquoi ne leur dit-il rien de ce qui se serait passé la veille ou l'avant-veille dans notre villa ? Ont-ils remarqué, eux, les parents, un enfant perturbé, triste, abattu ?

Quant au sang qui coule sur les jambes, je mets quiconque au défi de l'arrêter par un bout de coton (il y a, paraît-il, deux fissures de 3 cms de long). Le coton et le sparadrap sont dans le placard à pharmacie qui est à l'extérieur de la salle de bains. Personne ne me remarque en train de chercher ces produits ni ne voit les taches de sang sur le slip, sur le pyjama, ou dans les toilettes, ni mon épouse, ni ma mère, ni ma fille, ni la femme de ménage... Impossible !

L'enquêtrice de la Révision, Mme Gadd, affirmera qu'une telle déclaration ne peut être que mensongère, car dans de telles situations il n'y a jamais de sang.

« Gabriel a parlé d'un enregistrement qu'il aurait fait à l'insu de son grand-père, quand celui-ci lui faisait des attouchements... »

« Gabriel a dit que sur cette cassette, qui se trouverait dans ses jouets à Vence avec d'autres cassettes audio pour enfants, on entendait le grand-père lui dire qu'il ne fallait rien nous dire. »

« D'ailleurs Gabriel a dit qu'il souhaitait retourner à Vence, non seulement pour surveiller son papy à l'égard d'Adrien, mais aussi pour récupérer cette cassette... »

Voilà un papy "aveugle", lui aussi, qui ne voit pas Gabriel placer un magnétophone dans la salle de bains à côté de lui, ou dans un lit et appuyer sur les boutons. Pour enregistrer quoi ?

L'enfant parlera même d'un enregistrement vidéo. Il dira avoir mis les deux cassettes sous le lit dans la chambre d'amis.

Les policiers ne trouveront, bien entendu, rien.

En lisant une telle déclaration, je reprenais courage en pensant qu'aucun adulte normalement constitué ne pouvait adhérer à une telle description. Je ne connaissais pas encore les effets que "la dictature de l'émotion" était capable de produire sur des parents et même sur les enquêteurs : perte de lucidité, absence de sens critique, crédulité sans limites.

Mais je n'étais pas au bout de mes découvertes dans ce domaine.

Audition du père, 3 juillet 2000

Le père, au cours de son audition, le même jour, ne fera que confirmer le récit de son épouse.

« En début de l'année 2000, Gabriel a commencé à raconter une histoire de zizi comme quoi papy lui aurait touché le zizi. En le questionnant, ce n'était pas clair par rapport à l'âge… il a parlé de couches… et je ne comprenais pas parce que cela me paraissait confus…»

Et il envoie son fils en vacances chez nous, 15 jours plus tard.

« Gabriel m'a dit, je vous le restitue en vrac, que papy avait pris son zizi pour une sucette, qu'il lui avait léché les fesses, je l'interrogeais et il situait cela entre avant et après le procès avec mes parents. Après il m'a dit qu'il avait mis son zizi dans ses fesses et il m'a dit qu'il avait eu mal, mais qu'il n'avait pas pleuré… il m'a dit que c'était dans la salle de bains… et qu'il n'avait jamais pris le bain et que papy avait brouillé le bain avec du savon… »

Pas bien précise, la date des pseudo-faits ! Avant le procès, c'est 1995. Après le procès, c'est 1997 et 1998 !

On notera que l'enfant dit qu'il n'a jamais pris le bain.
Comment brouiller le bain avec du savon ? Et pourquoi ?

« Après, il a dit qu'un jour il avait essayé de mettre le zizi dans les fesses, mais que mamy cherchait le chat et qu'il s'était vite rhabillé en lâchant Gabriel dans l'eau… »

Petite variante de la version de ce scénario fait par la mère : j'avais oublié de fermer la porte, le chat est entré en poussant la porte, mamy est entrée derrière le chat, j'ai eu le temps de me rhabiller et mamy n'a ainsi rien remarqué.

« Qu'il pensait avoir une preuve ! Et il parlait d'une cassette audio où il avait enregistré quand papy le menaçait comme quoi il aurait de gros ennuis s'il en parlait... »

Comme c'est vraisemblable !

« Et puis il m'a dit qu'il avait mis son zizi dans les fesses jusqu'au bout et qu'il avait eu peur et que le sang coulait et qu'il allait tacher les chaussons… Là, j'ai compris que c'était vrai, car j'essayais de me dire que c'était faux, j'ai mis une semaine à accepter le fait que ça s'était bien passé... Le jour même, j'ai téléphoné au n° vert des Enfants maltraités... ils m'ont indiqué un avocat et l'Hôpital Américain... »

Le sang coulait et allait tacher ses chaussons, c'est le détail qui lui fait croire toute l'histoire. C'est ce qu'il répètera à chaque audience.

Jamais Gabriel n'a jamais porté de chaussons en plein mois de juillet. Il portait quelquefois des sandales en plastique, mais le plus souvent il était pieds nus. Les films de vacances le prouvent.

Une telle hémorragie peut-elle être arrêtée par un bout de coton ? Non. Elle va se reproduire inévitablement à la prochaine selle. L'enfant ne peut plus se baigner alors qu'on voit bien sur les films qu'il passait une grande partie de ses journées dans la piscine.

Et puis le slip, le pyjama, la cuvette des w.c. auraient été tachés par quelques traces de sang. Encore une fois la dictature de l'émotion l'emporte et le père médecin perd sa lucidité, son sang-froid, sa capacité d'analyse. Il dit cependant qu'il met une semaine à croire véridique le scénario. Il a eu le temps de réfléchir. Il aurait pu vérifier les dires de l'enfant en téléphonant à sa mère ou à sa sœur. Il préfère s'adresser au n° vert des Enfants Maltraités. A-t-il alors conscience qu'il vient de lancer un processus judiciaire qui allait "massacrer" toute sa famille, en se basant uniquement sur cette phrase *"que le sang coulait et qu'il allait tacher les chaussons"*. Des chaussons que l'enfant ne portait pas, car ils n'ont jamais existé ; du sang qui ne pouvait couler selon l'enquêtrice responsable de la Révision, Mme Gadd, puisque, dira-t-elle à l'audience, il n'y en a jamais dans de telles situations.

Pour Gabriel, c'est une victoire. Le scénario qu'il a inventé a produit les effets qu'il attendait. Son père s'est rapproché de lui et de sa mère. Le foyer familial qu'il a connu jusqu'à l'âge de 7 ans se reconstitue un peu. Il n'est plus une quantité négligeable, abandonné par tous. À nouveau, tout le monde s'intéresse à lui. Il est heureux. Il a été rassuré par sa mère lorsqu'il lui a demandé s'il pouvait aller à Vence, cet été, chez son papy, dans le cas où il l'accuserait. *« Bien sûr, tu pourras y aller »,* lui répond-elle. Il pense même qu'il va pouvoir rester plus longtemps à la villa, car, dit-il, il va protéger son petit cousin pour que papy ne lui fasse pas de mal.

Malheureusement pour lui, l'affaire n'est pas terminée. Il doit être entendu par une psychologue.

L'examen psychologique initial

Au moment où il franchit le porche de l'American Hospital de Reims, en compagnie de ses parents, Gabriel a une seule crainte : être pris pour un menteur. Il sait qu'il a menti, que ce n'est pas bien, que c'est grave et que son père est très sévère. *Surtout que personne ne s'en rende compte, pense-t-il !*

C'est dans cet état d'esprit qu'il est présenté **à la psychologue de la cellule de maltraitance, Mme Jouot.**

« Gabriel est rentré dans mon bureau, s'est assis et immédiatement m'a dit : « C'est à propos de mon papy que je viens ici. » J'ai eu l'impression d'un fardeau qu'il déposait à toute vitesse. Il m'a donné de suite les détails sans avoir pu, à cet instant, lui poser la moindre question... »

Suivent quelques bouts de phrases : « *Il m'a touché le zizi, les fesses, et a léché les fesses, le zizi. Il a mis son zizi un moment dans mes fesses, mais ma mamy est entrée à ce moment...* » « *Elle cherchait le chat.* » « *Mon grand-père m'a dit que j'avais pas intérêt à le raconter sinon j'avais des problèmes.* » « *Même du temps de Jésus, c'était interdit. On mourait si on le faisait. C'est écrit dans la Bible.* » « *Lui, c'est du faux amour.* » (en parlant de moi).

Il répète à toute vitesse un scénario qu'il connaît déjà par cœur ; qui s'est construit par le jeu des questions, réponses, commentaires, avec les parents. Une parole d'enfant complètement contaminée.

Gabriel est pressé d'en finir maintenant qu'il a obtenu ce qu'il voulait.

La psychologue interprète cela comme le dépôt d'un fardeau, d'un poids que Gabriel porte. Plutôt que de parler de fardeau que l'on jette sur la table, la psychologue aurait pu s'étonner qu'un enfant livre sans honte, sans gêne, des détails sexuels particulièrement crus, et surtout qu'il semble les réciter.

En effet, cette attitude de l'enfant peut se voir dans le cas d'un **Syndrome de Münchhausen par procuration**. Ce syndrome se définit comme une maladie ou un ensemble de troubles somatiques allégués par un enfant, à la demande volontaire ou involontaire d'un parent proche, le plus souvent la mère, lorsque celle-ci a connu une telle situation dans son enfance. Les fausses allégations sexuelles peuvent entrer dans le cadre de ce syndrome.

Caroline Rey dans son livre "**Maltraitance à enfants et adolescents**" écrit page 65 : « *L'enfant emploiera alors toujours les mêmes phrases et les mêmes mots, dans le même ordre. Le récit stéréotypé est plutôt inhabituel chez un jeune enfant et doit attirer l'attention.* » Or c'est bien ainsi que Gabriel a fait ses premières déclarations. Et afin de ne rien oublier, il a même écrit ce qu'il doit dire sur un bout de papier.

La psychologue de Reims, Mme Jouot, qui auditionne Gabriel, est surprise par cette façon de Gabriel de "déballer" son histoire d'un coup, mais elle n'évoque pas la possibilité d'un tel syndrome. Y a-t-elle pensé ? Le connaît-elle ?

À sa décharge, elle ne sait pas que la mère de Gabriel a été victime d'agression sexuelle dans son enfance par un membre de sa famille. **On ne le saura que douze ans plus tard.** Et puis ce **syndrome de Münchhausen par procuration** est une forme de maltraitance rare, peu connue. Aucun des psychologues et psychiatres sollicités par la Justice pour examiner Gabriel ne l'évoquera. C'est d'ailleurs une des caractéristiques de ce syndrome de tromper pendant des mois, voire des années, les médecins. Il faudra attendre l'enquête sur la révision du procès pour que des policiers et des magistrats évoquent la possibilité d'un tel syndrome.

On retiendra quelques autres passages de cette audition.

La psychologue l'interroge pour savoir s'il y avait d'autres messieurs qui l'auraient agressé. *« Non, il n'y en a pas. »* 15 jours plus tard, il se contredira en décrivant un pseudo-complice dans le cadre d'un scénario complètement différent. (Voir le Feuilleton de l'été)

Il déclare, spontanément à la psychologue : *« De toute façon, j'ai des preuves chez eux. Personne ne le sait, même pas ma mamy. C'est une cassette où il dit tout ça… Par exemple, ne le répète à personne… Je n'ai pas fait exprès d'enregistrer, ça s'est fait comme ça. »*

On retrouve chez lui cette peur obsessionnelle de voir son mensonge dévoilé qui le pousse à inventer une preuve : un enregistrement !

Il dit avoir caché cette cassette. La psychologue lui demande où il l'a cachée. Gabriel répond *: « Et pourquoi tu veux savoir ? »*

Mme Jouot essaie de savoir s'il a été filmé.

« Gabriel me répond que oui, précisant : « Il a déjà filmé mon zizi. Il avait mis la caméra de surveillance. »

Il n'y a jamais eu de caméra de surveillance à la villa.
Gabriel ne le sait pas encore : le piège du mensonge est en train de se refermer sur lui.

Audition de Gabriel par la PJ de Reims

C'est ensuite à la Police Judiciaire de Reims d'entendre Gabriel. Ayant refusé l'enregistrement vidéo, son audition est simplement retranscrite. Que retenir de cette nouvelle audition ? Quelques passages montrent bien comment il ne faut pas faire pour recueillir la parole d'un enfant : ne jamais se servir de questions fermées comme celles-ci :

Question - *« Donc, pour revenir à ce que faisait ton papy, tu me dis qu'il a touché ton zizi, qu'il l'a caressé, qu'il l'a tiré, qu'il l'a sucé… »*

On ne peut pas faire mieux pour conforter l'enfant dans son mensonge. Si, on peut faire mieux ! L'inspectrice va y aller d'une autre question suggestive :

Q - *« Et est-ce que lui t'a demandé de lui toucher son zizi ? »*

Vous devinez la réponse !

R - *« Oui… les mêmes choses qu'il a faites sur moi… je l'ai fait…»*

Cela ne doit pas suffire. Alors elle va y aller d'un autre petit coup de main à l'enfant.

Q - *« Tu m'as dit qu'il avait mis son zizi dans tes fesses. Ça t'a fait comment ? »*

Gabriel ne parlant pas spontanément de douleur, l'inspectrice l'aide à se "souvenir" de cette douleur.

R - *« Mal... surtout quand j'ai saigné... »*

Ça y est, il l'a dit. Il pourra s'en servir 10 ans plus tard aux Assises et permettre à FR3 de faire son titre sur la douleur de l'enfant.

Q - *« Ça s'est passé où ? »*

R : *Dans la salle de bains... Une fois, le chat est rentré dans la salle de bains et ma grand-mère était derrière et il s'est rhabillé vite fait... là, il avait pas encore rentré tout son zizi...*

Q - *« Elle lui a dit quelque chose ? »*

R - *« Non. »*

Comment attacher de la crédibilité à cette scène ? Je laisse la porte ouverte ! J'invite ainsi ma femme, ma mère, ma fille, à assister au spectacle !!

L'inspectrice va se déchaîner avec les questions les plus sordides :

Q - *« Est-ce que ton grand-père t'a embrassé sur la bouche ? »*

Q - *« Est-ce qu'il a touché à ton derrière avec autre chose que son zizi ? »*

Q - *« Lui, il t'a demandé de le toucher au niveau des fesses ? »*

Et l'enfant n'est pas en reste pour répondre dans le même sens (sauf pour le baiser sur la bouche).

R - *« Oui, il a touché mon derrière avec ses mains... il faisait des caresses et il mettait le doigt... »*

R - *« Il m'a demandé de lui caresser les fesses et de lui mettre le doigt dans le trou des fesses... »*

Poursuivons cette audition odieuse par l'inspectrice.

Q - *« Tu m'as dit tout à l'heure que tu lui avais sucé le zizi ... »*

R - *« Oui. »*

Q - *« Tu peux me dire comment il était. »*

R - « *Et ben gros… comme la normale... Comme tous les zizis d'adulte…* (Après lui avoir expliqué le phénomène du matin au réveil) … *Non, il était détendu…* »

Q - « *Est-ce qu'il y a du liquide qui est sorti de son sexe ?* »

R - « *Non…* »

Ces réponses à elles seules auraient dû jeter le discrédit sur les déclarations de l'enfant. En réalité, ni les enquêteurs ni les Juges d'Instruction n'en tiendront compte. Ce "détail" ne figurera pas dans l'acte d'accusation.

Il faut noter comment l'inspectrice (comme l'ont fait avant lui les parents) aide l'enfant à bâtir son scénario par les questions posées. C'est elle qui demande où ça s'est passé, combien de fois, quel geste faisait ton papy, s'il a fait autre chose... L'enfant suit les interrogations des adultes et n'a plus qu'à répondre par oui ou par non.

Par contre Gabriel est beaucoup plus à l'aise et spontané lorsqu'il parle des cassettes. Ne répondant pas à une question, il va improviser un récit tel qu'un enfant de 9 ans et demi, très imaginatif, peut le faire.

Q : «Tu lui as dit quelque chose à ton grand-père ? »

R : « Non, mais par contre si vous y alliez dans la villa, il y a une cassette à écouter, elle est dans la chambre d'amis et il dit je n'ai pas le droit de le dire sinon j'ai des problèmes. »

Q : « C'est une cassette comment ? »

R : « Il y a une cassette en caméra mais je ne suis pas sûr qu'elle y soit toujours car s'il l'a vue, il l'a jetée… »

Nous lui montrons deux cassettes, une cassette vidéo sur magnétoscope et une cassette pour enregistrement audio... Il nous déclare en montrant la cassette vidéo : « *C'est une cassette plus petite qui était dans la caméra et après il l'a mise sur une cassette vidéo et l'autre c'était une cassette audio car je m'amusais à enregistrer et sans le faire exprès, j'ai enregistré…*

Elle se trouve dans la chambre d'amis ; en fait les deux cassettes sont dans la chambre d'amis chez mes grands-parents... je ne sais plus où je les ai mises mais en cherchant on doit pouvoir les trouver... à moins que lui les a déjà trouvées. »

Q : *« Tu les avais cachées ? »*

R : « Oui, mais mamy, elle fouille partout... alors... je ne sais plus où elles sont... »

Toujours l'obsession de la découverte du mensonge. Gabriel a une preuve, la cassette d'enregistrement qu'il a cachée dans la chambre d'amis. Mais il sait maintenant qu'il y aura une perquisition de la villa et qu'on ne va pas retrouver la fameuse cassette. Alors, intelligemment, il anticipe en déclarant qu'on risque de la chercher en vain car mamy "fouille partout"…

Bien entendu, la perquisition ne trouvera aucune cassette.

À chaque séjour de Gabriel à la villa, je fais un petit film de vacances sur un camescope et je le transfère le jour du départ de l'enfant sur une cassette VHS pour magnétoscope de salon à destination de ses parents. Gabriel m'a vu faire la manœuvre plusieurs fois et il s'en inspire pour inventer un scénario bien confus, complètement irréaliste.

L'inspectrice interroge également l'enfant sur l'hypothétique saignement.

Q : *« Quand il t'a soigné le derrière avec le coton, qu'est-ce qu'il a fait avec le coton ? »*

R : «Il l'a scotché pour pas que le sang coule... je veux dire qu'il a mis le coton avec le sparadrap... et après il l'a jamais refait. »

Gabriel avait dit à son père que le sang coulait le long de ses jambes et qu'il avait peur de tacher ses chaussons. À l'inspectrice de Reims, il varie en racontant que j'ai mis un coton pour empêcher le sang de couler. Arrêter une hémorragie provoquée par deux fissures anales de 3 cms avec un coton et un bout de sparadrap relève de l'exploit. Essayez de faire tenir un bout de sparadrap sur la marge de l'anus, vous verrez. Et puis après, lorsque l'enfant va se jeter dans la piscine, va à la selle, le saignement disparaîtrait comme par enchantement ?

Ce n'est pas sérieux, ce n'est pas crédible. Le père, médecin, a-t-il réellement lu le rapport d'audition de son fils ?

Elle continue.

Q : « Et tu es inquiet ? »

R : « Oui, s'il va pas en prison... je peux avoir des problèmes. Il peut venir nous flinguer. Mon père avait vu qu'il avait un pistolet. »

Preuve encore de l'influence des parents. Le père dira, de la même façon, qu'il craignait que je vienne à Reims les descendre tous les trois !

Q : « Tu as parlé de Jésus au psychologue de l'Hôpital ? »

R : « Oui, à ce temps-là, ceux qui faisaient des choses comme ça, on les mettait à mort... Et mon papy aurait été tué... »

Encore l'influence des parents, et notamment de la mère qui reconnaîtra lui avoir expliqué cela, bien avant le dépôt de plainte.

Le signalement

Gabriel est alors confié à un médecin de la Cellule de Maltraitance, le docteur Dulière, pour un examen clinique. L'examen est rapidement fait. Le diagnostic de lésions anales par sodomie semble évident. Un signalement est envoyé au procureur. Il commence ainsi :

« Je voudrais vous signaler pour sévices sexuels de la part de son grand-père paternel l'enfant Iacono Gabriel. »

Pour ce médecin il n'y a pas l'ombre d'une hésitation, ni l'ombre d'un doute. Cet enfant a subi des sévices sexuels, c'est sûr, et ils ont été le fait du grand-père paternel, donc de moi, c'est sûr. La phrase ne comporte pas les précautions habituelles conseillées fortement et à maintes reprises par le Conseil National de

l'Ordre des Médecins. Le docteur Dulière aurait pu écrire :
« *L'enfant Gabriel semble avoir subi des agressions sexuelles* »
ou « *l'enfant Gabriel dit avoir subi des agressions sexuelles… »*
Elle aurait pu continuer par « *selon les dires de Gabriel, l'auteur serait son grand-père paternel…»*
Relevons les failles, les insuffisances de ce rapport :

Le contexte familial n'est pas pris en compte.

Voici ce qu'écrit le docteur Dulière dans son signalement :
" Cet enfant nous a été amené en consultation par ses parents et ceci sur les conseils du numéro vert 119 (Allô Enfance Maltraitée). Gabriel voit régulièrement ses grands-parents paternels (à Vence 06) qui ont demandé et obtenu un droit de garde par voie judiciaire en 1996. "
Le médecin n'a pas pris conscience du grave conflit existant entre le père de Gabriel, Philippe Iacono, et ses grands-parents paternels. Conflit qui a conduit à une procédure judiciaire pour un droit de visite et à une guerre intra-familiale, avec Gabriel comme *seule arme,* a écrit son père. **Or l'existence d'un conflit familial est une chose essentielle, signalée par tous les experts.** Dans ce cadre, les fausses allégations d'abus sexuel atteignent une fréquence de près de 50% !

Périodiquement, le Conseil de l'Ordre appelle les médecins à la prudence en cas de conflit interne. Je citerai à titre d'exemple cet extrait du Bulletin de **l'Ordre National de mars** 2004 : *" Dans l'évaluation, il convient d'avoir présente à l'esprit la possibilité de fausses allégations d'abus sexuels. Ces situations s'observent parfois dans des situations de conflit ou de séparation des parents. "*

La description des lésions anales est bien succincte.

"L'orifice anal n'est pas béant mais la marge anale présente deux cicatrices, l'une située à 9 heures et l'autre à 17 heures

(lorsque l'enfant est allongé sur le dos) en dehors des plis radiés". "Cicatrice" est un terme générique. Quelle longueur ? Quelle épaisseur ? Quelle couleur ? S'agit-il de "cicatrices" superficielles, de "cicatrices" profondes (zone indurée, atrophique, granulome...) ?

Le docteur Ohayon, médecin légiste à l'hôpital Pasteur de Nice, sollicité par la Police Judiciaire de Nice pour évaluer ce premier rapport médical, le 10 juillet 2000, (jour de mon interpellation) écrira : *" La cicatrice n'est pas décrite et il est donc impossible de savoir s'il s'agit d'une cicatrice ancienne ou récente. "*

Le Dr Dulière, interrogée par les policiers de Nice lors de ma garde à vue et de l'interrogatoire de ma femme, leur aurait répondu à plusieurs reprises (selon les dires des policiers au cours des audiences de la Cour d'Assise de Lyon) **que ces lésions étaient indélébiles.**

Les contre-expertises effectuées 4 ans plus tard ne retrouveront aucune trace de ces cicatrices, ce qui prouve que ce médecin s'est trompé : il ne s'agissait pas de cicatrices indélébiles.

L'examen clinique est incomplet

L'étude du réflexe cutané-anal n'a pas été faite.

Le toucher rectal, complété en cas de suspicion d'atteinte sphinctérienne d'une échographie endo- anale, n'a pas été pratiqué.

L'anuscopie n'a pas été envisagée. Le docteur Ohayon, dans son rapport du 10 juillet 2000, indique : *" Si des cicatrices sont constatées, il peut être important de faire pratiquer une anuscopie, voire une rectoscopie.*

"Le diagnostic différentiel est réduit à sa plus simple expression

Le docteur Dulière n'élimine que la constipation : *" Ces éléments ne peuvent être compatibles avec une constipation car ils dépassent les plis radiés, constipation qui n'est d'ailleurs pas retrouvée à l'interrogatoire de l'enfant ou des parents. "*

Le médecin traitant n'a pas été interrogé.

En conclusion, on est en présence d'un **cas typique d'interprétation abusive**. Le docteur Dulière a manqué de prudence et de discernement au moment du signalement et de la rédaction du certificat médical. Dans un contexte familial particulièrement conflictuel, elle s'est contentée d'un examen clinique sommaire de l'enfant, ne conseillant aucun examen de confirmation du diagnostic, ne laissant aucune porte ouverte à une discussion sur d'autres pathologies.

Cette interprétation abusive et péremptoire a eu des conséquences particulièrement graves pour moi et toute ma famille. Elle a décidé mon fils et ma belle-fille à porter plainte contre moi.

Elle a fait croire aux auxiliaires de justice de Reims comme de Nice que la sodomie était anatomiquement prouvée. Elle a fortement influencé les experts, les juges et les jurys.

En résumé

Pendant que la police judiciaire de Reims, les médecins de l'American Hospital et les parents de Gabriel s'agitaient pour compléter le dossier **"Christian Iacono"**, j'assumais mes fonctions quotidiennes à la Mairie sans me douter le moins du monde de ce qui se passait à Reims.

Je ne vois pas le nuage au-dessus de Reims, grossir et ressembler de plus en plus à une tornade.

Cette tornade arrivera sur Vence et éclatera ce 10 juillet à 9 heures du matin, comme je l'ai raconté précédemment.

LE FEUILLETON DE L'ÉTÉ 2000

Le nuage rémois était formé des déclarations initiales de Gabriel et des erreurs des premiers examens de la cellule de maltraitance de l'American Hospital. Mais l'imagination de Gabriel étant pleine de ressources, un nouveau scénario voit le jour, vers la fin du mois de juillet.

Je l'ai baptisé le feuilleton de l'été, car il est bien dans la ligne de ces feuilletons télévisés, dans lesquels on retrouve les mêmes acteurs dans une histoire qui évolue, si possible avec des rebondissements, des surprises, afin de tenir le spectateur en haleine, pour qu'il ne zappe pas sur une autre chaîne. Il faut reconnaître à Gabriel un certain talent pour ce genre d'histoire.

Je vous invite à découvrir ce nouveau feuilleton à travers les auditions retranscrites dans le dossier d'instruction.

Le père de Gabriel raconte à la Juge d'Instruction

« *Le soir de la garde à vue* **(10 juillet 2000),** *j'ai reçu un coup de téléphone du Commandant Bl..Ça m'a glacé et déclenché une forte angoisse. Gabriel a compris. Le soir, dans la douche, il m'a demandé si papy était en prison, je suis resté évasif. Gabriel avait surtout peur quand on le mettait au lit. À la fin du séjour* (son père l'avait emmené en Bretagne*), Gabriel a commencé à me dire que si papy faisait ça c'est peut-être parce qu'**il était obligé et qu'il était obligé par un vieux monsieur.** »

Je rappelle que quelques jours plus tôt, questionné par la psychologue Mme Jouot, il avait clairement affirmé qu'il n'y avait pas d'autres messieurs qui lui avaient fait subir des agressions sexuelles.

Le père continue : « *J'ai pris mon fils en tête à tête au cours du week-end qu'il passait chez moi. J'ai noté quasiment mot à mot* *ce qu'il me disait sur mon ordinateur portable. Je lui ai tout fait raconter ; je me souviens avoir été troublé lorsqu'il me parlait des photos qu'on avait prises de lui et qu'il mimait la scène en se mettant de face, de profil et de dos. Beaucoup de choses me paraissaient farfelues, j'étais troublé. J'oscillais entre le fait de me dire que **ça ne tenait pas la route et les descriptions très détaillées que Gabriel faisait, notamment de la voiture. De toute évidence, Gabriel était monté dans cette voiture.** »*

En déclarant : *"Je lui ai tout fait raconter, en tête à tête, tout un week-end"*, Philippe montre bien sa façon de procéder avec son fils. Il le questionne tout un week-end. Il le fait raconter ; il ne s'agit donc pas de déclarations spontanées. En agissant ainsi, le père ne se rend-il pas compte qu'il aide son fils à bâtir et à améliorer son histoire ?

En concluant : « *De toute évidence, Gabriel était monté dans cette voiture* », le père affiche sa crédulité. Cette voiture, en effet, n'a jamais été retrouvée et cette piste a depuis été abandonnée par l'accusation. Le père a la même attitude que lors de la première déclaration qu'il avait faite en juin, se cramponnant à deux détails irréalistes (les chaussons et le sang sur les jambes) pour croire en la véracité du récit.

Le père continue son récit :

« *À ma demande, Gabriel m'a précisé que ce monsieur ne lui avait jamais mis son zizi dans les fesses. Cependant, la première fois qu'il l'avait vu, le monsieur lui avait touché le zizi pour montrer à papy comment il fallait faire... »*

« *Cela se passait toujours dans la salle de bains du bas, celle au carrelage ocre orangé, précisant que papy et le monsieur l'installaient sur la table à langer qui se trouve sur le bidet et est recouverte de jouets de bain. »*

En réalité, la table à langer était dans une pièce à côté occupée par ma fille et son bébé.

« *Selon Gabriel, il était allé deux fois chez ce monsieur : une fois avec sa voiture, une fois avec celle de son papy. Il dit que c'était dans une grande villa de 3 étages avec un jardin, pleine de meubles anciens. Gabriel précisait qu'il y avait de "gros os" dans une vitrine du salon. Il a parlé d'un pistolet qu'il avait failli recevoir sur son pied en fouillant dans une armoire du salon où il y avait des manteaux et des tiroirs. Le pistolet était dans un tiroir de gauche... »*

Une enquête approfondie n'a retrouvé aucune villa de ce type. Et Philippe poursuit le récit de Gabriel.

« Ce monsieur et papy étaient assis dans un canapé en cuir marron. Il joue au golf avec son papy. Gabriel a été avec eux, il conduisait, dit-il, la petite voiture. Il le décrit comme étant presque aussi grand que papy, pense qu'il est légèrement plus jeune que lui, cependant sans être très clair là dessus, qu'il a des cheveux blancs qui rebiquent sur la nuque comme une bouclette. Il est absolument affirmatif sur la couleur blanche des cheveux qu'il compare à ceux de sa mamy Rosy. »

« Gabriel se souvient que lorsqu'ils sont allés pour la première fois chez ce monsieur, ce dernier a remis une malette grise argentée avec des cadenas à codes. Le monsieur aurait précisé que les codes étaient sa date de naissance... Gabriel pense avoir vu des billets à l'intérieur. La seconde fois qu'il était chez ce monsieur, une autre malette, noire cette fois, a été remise à son papy, avec de nouveau des cadenas à codes. Les deux fois, son papy aurait remis au monsieur une pellicule photo. Gabriel précise que quelques jours avant ces deux remises de pellicule et de malettes, son papy l'avait pris en photo dans la salle de bains du bas, devant le radiateur, nu, de face, de profil et de dos.

« Gabriel se souvient que son papy mettait une pellicule Kodak dans un petit appareil ressemblant au sien, de couleur noire et argentée. Les photos étaient prises pendant que sa mamy était aux courses. »

Évidemment, l'enquête, pourtant longue et pointilleuse, n'a trouvé aucun élément pouvant apporter la moindre réalité à ces paroles. Le père de Gabriel aurait dû s'interroger sur la vraisemblance de ces photos prises dans la salle de bains. Pourquoi de telles photos d'un petit garçon de 7 ans tout nu ?

Penser que l'auteur de telles photos est Maire de Vence, Président d'une Communauté de Communes et prochain candidat au poste de sénateur, qu'il "vendrait" les photos de son petit-fils, (qui n'ont d'ailleurs aucune valeur marchande), au risque inévitable de se faire attraper, relève du simple bon-sens. Est-ce la "dictature de l'émotion" qui, une fois encore, obscurcit l'esprit du père de l'enfant ? Et pourquoi, puisqu'il croit les paroles de Gabriel, ne les signale-t-il pas aux enquêteurs, surtout qu'elles sont enregistrées sur son ordinateur portable ?

Que le père de Gabriel, médecin intelligent, ait été capable de "croire" un tel récit dépasse l'imagination. Ce fut pourtant le cas et il participa ensuite activement à la recherche de la villa et du pseudo-complice.

Gabriel raconte à l'inspecteur Br.

Les policiers aussi vont "marcher ". **Gabriel est entendu le 6 septembre 2000 par le Commandant Brunach de la Police Judiciaire de Nice**, averti par les parents de ce nouveau scénario.

Question : Tu as dit à ta maman qu'un "vieux monsieur" était présent lorsque ton papy te touchait le zizi. Tu veux bien en parler ?
Réponse : Je veux bien, je suis venu pour ça !

Question : Tu en as parlé tout seul ou maman t'a posé la question ?
Réponse : Tout seul, tout d'un coup ! J'avais une crise et je m'en suis souvenu d'un coup ! Dans la journée, en fin d'après-midi. Quand je fais une crise, je me souviens de plein de choses !

Question : Comment te viennent les crises ?
Réponse : Quand je m'énerve, quand je suis fatigué.

Il ne dit pas qu'il a commencé à en parler à son père et que celui-ci l'a questionné tout un week-end en lui **faisant raconter** (voir plus haut).

Question : Tu veux bien nous raconter ce souvenir et parler de ce "vieux monsieur".

Réponse : Oui. J'ai vu ce vieux monsieur pour la première fois chez papy à la villa à Vence. Papy me l'a présenté comme un monsieur très gentil. Il m'a dit son nom mais je ne m'en souviens plus. Mamy était au supermarché. Là, il me l'a fait...

Question: Tu veux dire quoi ?

R : Il m'a touché le zizi avec ses mains, a mis un doigt dans mes fesses ; ça m'a fait mal. J'ai pas vu s'il a mis le doigt en entier mais j'ai eu un peu mal. C'était après que papy me l'ai fait... ait mis son zizi dans mes fesses mais pas complètement... quelques jours après. Papy était là avec nous. J'étais dans la salle de bains, presque tout s'est passé dans la salle de bains. J'étais allongé sur un lit pour les bébés, pour qu'on leur change les couches. J'étais petit. On avait gardé la table à langer parce qu'on savait que tata allait faire un bébé. Adrien n'était pas encore né...

La table à langer se trouvait dans la pièce à côté occupée par ma fille et son bébé et non dans la salle de bains.

Gabriel se trompe encore en disant qu'Adrien n'était pas encore né. Adrien est né le 25 juin 1998 et Gabriel est arrivé à la villa le 5 juillet de la même année.

On voit sur le film des vacances Gabriel tenant dans ses bras le petit Adrien.

Question : Qu'a dit ton papy ?

Réponse : Il m'a dit que le vieux monsieur était très gentil, m'a parlé gentiment et m'a dit de me laisser faire. J'ai accepté puisque papy me le demandait.

Question : Combien de temps cela a duré ?

Réponse : Deux minutes à peu près. Après nous sommes sortis de la salle de bains et je suis allé m'amuser dans la piscine. Dans la salle de bains, je n'avais que mon short de bain...

Ma maman, alors âgée de 87 ans, présente à la villa ne voit rien, ni ma fille, Cécile avec son bébé, ni ma femme qui serait pendant ce temps au super-marché. Ma femme fait ses courses une fois par semaine. Lorsque Gabriel est à la villa, elle l'emmène systématiquement avec elle, ne serait-ce qu'en raison du danger de notre piscine "collée" contre la maison (l'enfant ne savait pas nager à cette époque).

Question : Comment est arrivé ce vieux monsieur ?

Réponse : Il a sonné au portail. Papy lui a ouvert. Il a rentré sa voiture à l'intérieur devant le garage. C'était une BMW bleu marine, avec des sièges beiges, ceinture ventrale à l'arrière, 4 airbags, capote électrique noire. La voiture était à l'air (décapotée). Il y avait un téléphone à fil de voiture entre les deux sièges, y'avait un ordinateur de bord.

Les enquêteurs ont recherché les propriétaires de BMW décapotables, habitant Vence ou sa région. C'est comme cela qu'ils se sont intéressés à un hôtelier vençois qui était également propriétaire d'un grand garage à Cannes et qui avait eu en dépôt, pendant quelque temps, une telle voiture. À ceci près que les sièges n'étaient pas beiges et qu'à l'époque des faits allégués, il n'y avait pas d'ordinateur de bord. Qu'à cela ne tienne ! Le pauvre homme, qui n'avait jamais rencontré l'enfant, fut mis en examen, traduit comme complice d'agression sexuelle et heureusement acquitté... **après 9 ans de procédure.** C'est pourquoi toutes ces déclarations de Gabriel, associant cet hôtelier et moi-même pour pratiquer de supposés sévices sexuels sur lui, n'ont plus aucune valeur. Je les cite cependant pour que chacun puisse mesurer **la capacité d'invention d'un gamin de**

10 ans et la crédulité de son entourage, parents, enquêteurs, psychologues...

Question : Tu peux nous décrire ce vieux monsieur et nous dire combien de fois tu l'as rencontré, où et combien de fois il t'a touché ?

Réponse : Je sais pas quel âge il a, environ 45 ans. Il a pas beaucoup de cheveux, tout chauve, presque. Il a des cheveux un peu derrière, pas beaucoup. Ils sont gris. Vous avez vu les guignols ? Et bien Mitterand ! Il ressemble à Mitterand dans les Guignols. Il est assez grand, plus grand que Michel (Capitaine Michel Barnier, 1m80) et plus grand que le chef de clinique (Laurence Dulière). Il est normal, sauf qu'il est "Hercule" en muscles parce qu'il m'a montré qu'il avait de gros muscles. Il est "balaise", plus que "balaise". Il a une petite moustache comme vous, pas de lunettes...
Je l'ai vu en tout 5 fois, toujours à Vence, 3 fois chez papy, et 2 fois chez lui. Il s'est rien passé après.

Question : Cela fait longtemps que tu connais cet homme ? C'est un ami de papy ?
Réponse : Un peu longtemps. C'est un ami de papy. Enfin, je crois. Y travaillent pas ensemble.

Question : Tu as parlé de golf ?
Réponse : Oui, il joue au golf avec papy. Papy, c'est le meilleur au golf. Je suis allé au golf avec eux. C'est même moi qui conduisais la voiture. La voiture de golf. Dans la voiture, il y avait papy et moi qui conduisais. Le monsieur était dans une autre voiture. J'ai une carte du golf parce que mamy joue dans ce même golf et elle m'avait donné une carte.

Question : Mamy le connaît ?
Réponse : Non, à chaque fois, mamy était au supermarché. Elle le connaît pas.

Question : Tu connais sa maison ? Tu es déjà allé chez lui ?
Réponse : *Oui, j'y suis allé y'a longtemps, une fois avec la voiture à papy, une fois avec la voiture du monsieur, la BMW. C'était à Vence, sinon y'aurait un panneau avec Vence barré. Il était tout seul chez lui, avec une grande maison et deux piscines, une dans la cour et une en plein milieu du jardin. C'est joli, c'est agréable. Il y a un barbecue à l'ancienne dehors, un barbecue qui roule. Il a une table en vitrine avec des os à l'intérieur. Pour moi, c'est des os préhistoriques. J'ai ouvert une armoire et j'ai trouvé un pistolet pirate dedans. La maison est plus grande que la villa de papy. Y'avait des chiens, gros, au moins 5, tous attachés en laisse avec un grand truc de fer.*

Question : Puisque tu l'as vu 5 fois, tu connais son nom ?
Réponse : *Non. J'ai bien un prénom mais je n'en suis pas sûr. Pour moi, c'est Guy, mais je n'en suis pas sûr.*
Toute la déposition de l'enfant est de la même tonalité.
Les enquêteurs ne découvrirent ni la villa avec les deux piscines ni la meute de chiens, ni le club de golf... pas plus qu'ils n'avaient découvert les cassettes audio et vidéo...
Tout est inventé.
Par contre, l'enfant utilise des souvenirs réels qu'il adapte à son scénario pour le rendre crédible. Nous possédons à la villa un barbecue sur roues qu'il connaît bien car nous avons fait avec lui des soirées grillades. Le pistolet pirate est posé sur un dessus de radiateur et l'enfant s'y était intéressé. La cassette argentée qu'il décrit lui a été probablement inspirée par une mallette à outils argentée qu'il connaissait bien...

En outre, l'invraisemblance est évidente. Pourquoi ?

L'enfant et la mère situent cet épisode pendant les vacances d'été de 98. Pendant ce séjour, Gabriel n'est resté à la villa que 6 jours. Au milieu de cette semaine de vacances, il a rencontré ses propres parents pendant près d'une journée dans la villa de ses grands-parents à Cagnes-sur-Mer. De plus, chaque journée (le film de ses vacances que j'ai tourné le montre bien) comportait un programme de réjouissances chargé, en particulier avec les enfants et petits-enfants de nos amis.

Comment, dans ces conditions, personne ne remarque 5 passages d'un complice pendant un aussi court séjour ? Comment de tels faits auraient-ils pu échapper à la vigilance attentive de trois femmes qui vivent dans la villa ? Pourquoi mamy irait-elle cinq fois au super marché en 6 jours ?

Comme l'avait jugé initialement le père, **c'est farfelu et ça ne tient pas la route.**

Toutes ces déclarations n'ont été retenues ni par l'avocat général, ni par les avocats de l'accusation, ni par la Cour d'Assises de Nice.

Mais elles sont la preuve d'une **grande capacité inventive** chez cet enfant de 9 ans et demi, capacité inventive qui doit être prise en compte pour l'ensemble de ses déclarations. Elles sont aussi la preuve d'une énorme crédulité de ceux et celles qui les écoutent.

Les dégâts après le passage de la tornade fin 2000-2001

Echec aux élections municipales - Avril 2001

Les nouvelles élections municipales sont prévues pour la fin du mois de mars 2001.

Il ne faut pas perdre de temps : préparer la communication, les affiches, le programme ; constituer une liste en tenant compte de la nouvelle loi qui exige une représentation égalitaire hommes-femmes ; retenir les salles pour les réunions ; organiser les visites de quartier…

Il faut faire vite car l'affaire judiciaire a aiguisé les appétits électoraux. L'opposition municipale, en particulier le RPR, mesurant ma fragilité nouvelle, fait feu de tout bois. Et j'ai en face de moi, non plus une mais deux listes de droite. Le RPR que j'avais battu aux élections de 1989 et 1995 pense tenir enfin sa revanche.

Et puis, l'**air de la calomnie** souffle sur la cité depuis le 10 juillet 2000, jour de mon interpellation. Ce n'est pas le grand air, mais chacun y va de sa petite chanson. Le "bouche à oreille" fonctionne bien. Les rumeurs courent dans les petites ruelles de la cité historique. Dans la semaine qui suit mon incarcération, un tract est répandu dans la ville avec en gros carctères : « ET SI C'ÉTAIT VRAI. »

Un ancien de la Police Judiciaire de Nice en retraite apparaît dans la ville et se répand en déclarations alarmantes, auprès des Vençois, des commerçants, en se prévalant de ses relations avec la police niçoise : « *C'est un dossier lourd,* raconte-t-il. *Iacono*

***n'est pas prêt de sortir de prison. Il y a beaucoup de plaintes venant de Reims*.** »

L'air de la calomnie avait commencé à être entonné à la caserne Auvare, siège de la Police Judiciaire de Nice, le jour de ma garde à vue. Ainsi, lorsque ma femme ou ma fille sont interrogées et qu'elles évoquent le contexte familial, la possibilité d'un complot, l'action d'une secte, elles sont interrompues par les inspecteurs de façon péremptoire : *« **Vous faites fausse route** »*, comme s'ils possédaient déjà les preuves de ma culpabilité.

Des amis arrivent à approcher des responsables de la justice ou de la police, et leur font part de la confiance qu'ils ont en moi. Ces responsables leur répondent invariablement : *« **Vous ne connaissez pas le dossier !** »,* sous-entendant qu'ils ont, eux, le dossier et tous les éléments prouvant ma culpabilité mais que, bien sûr, ils ne peuvent rien divulguer.

Le préfet Garnier lui-même dit à un de mes proches :

*« **J'aime bien Iacono, mais le dossier est malheureusement accablant !** »*

Pendant toute la campagne électorale, les rumeurs vont circuler, discrètement certes, mais efficacement. Il y a tous les anonymes qui doutent car, pensent-ils, *"il n'y a pas de fumée sans feu".* Et puis ceux qui, comme l'écrit R. Rolland, ont des *"âmes de pourceaux qui goûtent une volupté à se rouler dans l'ordure. "*

Je demande à plusieurs reprises à mes avocats de déposer une plainte pour dénonciation calomnieuse. Invariablement, ils me répondent que cela ne servira à rien, que la plainte restera dans un tiroir tant que l'affaire n'aura pas été jugée.

Ainsi, je vais être traité de menteur, de gourou, de violeur d'enfants, pendant des années, notamment sur Internet et les réseaux sociaux sans avoir la moindre possibilité de réagir. C'est une lapidation "numérique" sans risque pour ceux ou celles qui lancent la pierre. Et ils le savent bien, ces lâches, alors ils en profitent.

J'apprends peu à peu le fonctionnement de la Justice. Je comprends que c'est à moi de prouver mon innocence en face de la parole d'un enfant. Bien sûr, mon passé qualifié d'exemplaire par l'enquêteur judiciaire, ma profession de médecin, l'absence d'antécédent, de la moindre plainte de quiconque à Vence et dans la région, tout cela plaide pour mon innocence mais ce ne sont pas pour la Justice des preuves suffisantes. Les enquêteurs semblent adhérer au feuilleton de l'été et donc à la présence d'un complice vençois, un hôtelier de profession et amateur de belles voitures. Ils vont le suivre, le mettre sur écoute, perquisitionner son domicile et le traîner devant une Cour d'Assises 8 ans plus tard. Alors que je sais, que nous savons de façon certaine **que ce monsieur n'a jamais rencontré Gabriel, qu'il ne le connaît pas**. D'ailleurs, il sera complètement blanchi par la Cour d'Assises de Nice en 2009.

Comment prouver mon innocence ? Quelles meilleures preuves que mon passé, ma réputation ? Mais est-ce bien l'accusé qui doit prouver son innocence ? Ne serait-ce pas plutôt aux accusateurs d'apporter les éléments qui prouvent la culpabilité ?

Par contre, je n'oublierai jamais les autres, mes concitoyens de Vence, de Cagnes-sur-Mer, du département. Ils sont nombreux, les plus nombreux, ceux qui m'adressent des messages de soutien, de confiance, des gestes amicaux. Jamais je n'aurais imaginé une telle sensibilité, une telle compassion, une telle solidarité, pour un être humain dans l'épreuve.

Ma meilleure défense, pensai-je, est de ne pas renoncer à mon mandat, de garder la tête haute et donc de me présenter aux suffrages des Vençois.

Perte de tous mes mandats

Fatigué physiquement, éprouvé moralement, je ne fais pas une bonne campagne. Je ne peux chasser de mon esprit cette accusation folle. Je me sens, malgré tout, sali, souillé au plus profond de moi. Chaque jour, j'attends des nouvelles de mes avocats sur l'évolution de l'affaire. Chaque nuit, je pense à cet enfant que j'imagine enfermé dans son mensonge. J'imagine tout le mal qui doit lui être dit sur son grand-père, sur le Maire dont il était si fier. Quand nous retrouverons-nous, Gabriel ?

Au terme d'une campagne éprouvante, j'arrivais cependant en tête au soir du premier tour. L'avance était faible, insuffisante dans le cas d'une fusion des deux listes RPR qui me suivaient. Je ne pouvais compter sur aucun soutien politique sérieux pour le second tour. En moins de 48 heures, le regroupement des deux listes RPR se réalisa. Le total de leurs voix ne me laissait pas beaucoup de chances pour le deuxième tour. Mes colistiers, trop confiants jusqu'alors, se mobilisèrent et regagnèrent beaucoup de suffrages mais ce ne fut pas suffisant.

Et effectivement je fus battu, d'une courte tête, environ 200 voix sur près de 12 000 votants.

Je perdais mon mandat de Maire et dans la suite logique celui de Président de la Communauté de Communes, Provence d'Azur. Mes espoirs de succéder un jour au sénateur Pierre Laffite s'évanouissaient également.

C'était une carrière politique foutue en l'air. C'étaient des années de travail, d'efforts, de privations qui venaient de partir en fumée. Fallait-il baisser les bras définitivement, accepter la sanction, aller faire mon jardin, m'occuper de ma famille ?

Mes coéquipiers m'encouragèrent à rester présent au sein du Conseil Municipal. Ils me demandèrent de ne pas démissionner et d'attendre la fin de la procédure judiciaire. J'étais moi-même convaincu que j'avais encore des choses à faire pour cette ville de Vence que j'avais appris à tant aimer. Je voulais en faire une petite capitale du moyen pays, capable d'attirer les touristes toute l'année, renforcer l'attrait de son patrimoine particulièrement riche mais insuffisamment exploité, construire ce lycée que nous avait accordé le Conseil Régional, en plein centre-ville, pour associer les jeunes à l'avenir de leur ville… Et puis un non-lieu me semblait fort possible. En effet, les récits de Gabriel, contradictoires, incohérents, extravagants, l'absence de tout élément factuel confirmant ses dires, l'enquête sur ma personnalité, tout cela devrait aboutir à un non-lieu. D'autant que mes premiers contacts avec des médecins experts, de réputation nationale, m'avaient convaincu de l'erreur diagnostique initiale faite à Reims et qui avait orienté l'enquête dans une mauvaise direction. La contre-expertise demandée allait le montrer.

Et puis j'attendais avec impatience la convocation de la Juge d'Instruction pour parler de l'affaire. J'avais tant de choses à lui dire. Elle ne savait rien de la discorde familiale, du conflit sur notre droit de visite concernant notre petit-fils, Gabriel, des lettres de menace de mon fils, Philippe, de l'ambiance curieuse, apparemment sectaire de l'entourage de la belle-famille.

L'INSTRUCTION JUDICIAIRE APRÈS LA TORNADE

Après le choc de la révélation à toute la France de l'accusation portée contre le Maire de Vence et de son incarcération à la Maison d'Arrêt de Grasse, l'instruction se poursuit, dirigée par le Juge Coutton.

Les examens psychiatrique et psychologique de Gabriel - septembre 2000

Trois jours après avoir raconté ce que je qualifie de "feuilleton de l'été" au Commandant Brunach, Gabriel est reçu par le docteur Thierry Delcourt, psychiatre de Reims, et Jean-Luc Ployé, psychologue clinicien, également de Reims.

Le Juge d'Instruction leur avait donné mission de procéder à l'examen psychiatrique de l'enfant, de relever les troubles ou anomalies susceptibles d'affecter son équilibre psychique ou intellectuel et notamment la crédibilité de ses déclarations, de dire s'il existait un **traumatisme consécutif aux faits poursuivis...**

On notera que d'emblée le Juge parle de **"faits"**. Il ne s'agit pas d'allégations d'abus sexuel mais de "faits".

En outre, le psychiatre écrit : *"Après avoir pris connaissance du dossier et notamment des pièces médicales issues de l'American Mémorial Hospital de Reims... "* Il est certain que ce ne sont pas les rapports du docteur Dulière et de la psychologue, Mme Jouot, qui pouvaient faire douter de la réalité des "faits". Ce ne sont pas non plus les parents qui le feront, puisqu'ils sont, maintenant, tout acquis à la parole de l'enfant.

Ainsi, ces deux praticiens, avant même l'examen de leur patient, sont convaincus de la réalité de l'agression sexuelle, ce qui se traduit plusieurs fois par des phrases comme celles-là :

*"Il existe un trouble secondaire **aux faits subis** qui s'est manifesté dans un premier temps comme une pathologie post-traumatique importante."*

Ou

*"Cette pathologie post-traumatique, directement liée à ce **qu'il a subi** et majorée lors de la révélation des faits par le caractère de reviviscence, de prise de conscience de tout ce qu'il **a subi de la part de ce grand-père...** "*

Le docteur Delcourt et M. Ployé apparaissent **convaincus a priori** des faits rapportés par l'enfant et ils en connaissent, sans hésitation, l'auteur, le grand-père. Ils ne se posent pas la question de la réalité des faits, car à Reims, au mois de septembre 2000, personne ne semble douter. Les parents, les médecins, les policiers, les psys, tous ont une certitude : cet enfant est la victime des agissements de son grand-père de Vence.

Si on les suit, le dossier est clos. Il ne reste plus qu'à condamner le grand-père !

Ont-ils vraiment connaissance du grave conflit familial qui sous-tend cette dénonciation ? Ils n'en parlent pas.

Savent-ils que le père avait menacé d'utiliser son enfant comme une arme contre son grand-père ? Certainement pas.

Leur a-t-on rapporté les nouvelles déclarations de Gabriel qu'il vient de faire auprès du Commandant Br., trois jours plus tôt, et que j'ai qualifié de "feuilleton de l'été" ? Apparemment non. Ni l'enfant, ni les parents ne le signalent. Ils ne parlent dans leur rapport que du grand-père et ne citent pas "le vieux monsieur".

Ces praticiens, qui n'ont pas la totalité du dossier en main, pensent peut-être que les preuves existent. C'est en partant de cet a priori qu'ils vont faire leur examen.

Le docteur Delcourt sera interrogé par nos avocats au cours de l'audience en Cour d'Assises de Nice par visioconférence. Me Eric Dupond-Moretti lui demande: *« Saviez-vous, au moment de l'examen, que Gabriel avait décrit un nouveau scénario avec un deuxième homme qui l'emmenait dans une villa... »* « Non, je ne le savais pas. » *« Si vous aviez eu connaissance de ces nouveaux éléments, est-ce que votre rapport aurait été le même ? »* Le psychiatre réfléchit un moment et répond : *« Non, je ne pense pas. »* Ainsi, selon le "porté à connaissance" d'un dossier, le rapport d'expertise psychologique peut varier complètement, être à charge ou à décharge. Les deux praticiens, pensant que les faits étaient établis, l'agresseur clairement identifié, ont interprété tout l'examen et les tests en fonction de ces données. Données qui n'en étaient pas, puisque l'essentiel, la réalité de l'agression sexuelle n'était pas prouvée, comme on le verra lors des examens médicaux.

Ces experts sont victimes de ce que Hubert Van Guisjeghem (psychologue-psychothérapeute, professeur à l'Université de Montréal, mondialement connu pour ses travaux dans ce domaine) appelle *"l'effet Rosenthal"*, *"biais par lequel le chercheur ou le professionnel qui commence une étude (ou une évaluation) avec une hypothèse ou, a fortiori, une certitude, tout naturellement ou involontairement, confirmera cette hypothèse."*

On sait qu'il ne faut pas donner trop d'importance aux expertises psychologiques dans ce genre d'affaire. Toute une littérature a montré combien les symptômes cliniques, liés à une fausse allégation, sont proches de ceux présentés par un enfant réellement abusé. Ce sujet est devenu polémique et passionnel. Il y a ceux qui s'arrogent la responsabilité de défense des enfants et qui perdent tout sens critique. Il y a ceux qui veulent éviter de "tuer socialement et moralement" un innocent sur une simple parole d'enfant. L'affaire d'Outreau et d'autres ont bien montré la difficulté de déceler le réel de l'imaginaire chez des enfants aux capacités inventives sans limites. La loi interdit maintenant l'adjectif "crédible" qui influençait les jurés, les magistrats, les journalistes, alors qu'il signifie simplement que l'enfant n'a pas de troubles psychiques ou neurologiques pouvant altérer son jugement.

Dans le cas de Gabriel, toutes ses perturbations, son agitation, ses cauchemars, tous ces signes réunis sous le diagnostic de syndrome post-traumatique peuvent tout aussi bien s'expliquer par le "gros mensonge" inventé et le constat des énormes dégâts qu'il a provoqués. Tous les spécialistes ont noté la similitude des symptômes dans le cas d'une agression sexuelle et dans le cas d'une fausse allégation.

Le rapport d'expertise des Dr Digeon et Ritter

Le jeudi 5 octobre 2000, Gabriel est examiné par les docteurs Béatrice Digeon et Philippe Ritter dans le service de pédiatrie de l'American Mémorial Hospital de Reims. Cet examen a été demandé par le Juge qui trouvait, m'a-t-il dit, le rapport du docteur Dulière un peu léger. Curieusement, en faisant appel au docteur Digeon, il renvoie Gabriel dans la même cellule de maltraitance de Reims, là où il avait été examiné par le docteur Dulière. Ces deux praticiennes ont créé ce petit service et travaillent quotidiennement ensemble. Autant savoir, tout de suite, que les rapports de Digeon et Dulière vont se ressembler.

Effectivement, les docteurs Digeon et Ritter retrouvent les deux lésions dont on ne saura toujours pas s'il s'agit de cicatrices ou de lésions évolutives, qu'il se garderont bien d'en donner une datation même approximative, dont l'origine est, pour eux, obligatoirement une sodomie sans qu'il y ait eu une véritable discussion diagnostique différentielle.

Par contre, ils signalent un élément nouveau : « *À la base de la lésion siégeant à 17 heures, on remarque un petit renforcement de part et d'autre, correspondant à un aspect cicatriciel. Au toucher rectal, on perçoit une perte discrète de la souplesse du sphincter et de sa tonicité à 20 heures, traduisant vraisemblablement une zone cicatricielle à ce niveau.* »

Ainsi, ces médecins estiment qu'il y a une lésion du sphincter et ne vont pas plus loin. Ils expliqueront aux Assises qu'il était inutile de perturber l'enfant avec une échographie anale. Cette constatation confirme donc, selon eux, que ces lésions anales sont en rapport avec une agression sexuelle. Une lésion sphinctérienne se voit très bien à l'échographie et, point important, elle est indélébile. Donc, lorsqu'on pratiquera 4 ans plus tard une échographie anale, on devrait retrouver la lésion du sphincter signalée par les docteurs Digeon et Ritter.

Or, les contre-expertises faites par les Professeurs Grimaud, Rautureau, Benamouzig et le docteur Cargill permettront d'affirmer : **le sphincter anal est en parfait état. Il n'y a pas de cicatrice. Il n'a jamais été lésé.**

En décrivant une probable lésion du sphincter, si évidente qu'un contrôle échographique était inutile, les docteurs Digeon et Ritter indiquaient à l'autorité judiciaire que la sodomie était certaine.

Quand on sait qu'une telle affirmation a des conséquences catastrophiques sur toute une famille, qu'elle met en jeu la vie et l'honneur d'un homme, qu'elle sera le support de toutes les calomnies et souillures déversées sur lui pendant des années, qu'elle lui fait courir le risque de finir sa vie dans un centre de détention, on se doit d'être prudent.

Je ne m'étendrai pas sur l'erreur médicale dénoncée par les contre-experts quatre ans plus tard. Par contre, tout médecin, lorsqu'il soupçonne une lésion anatomique qui peut avoir des conséquences graves aussi bien pour la victime que pour le mis en cause, **a une obligation de moyen.** Ce moyen, **l'échographie anale**, examen relativement banal et sans danger, n'a pas été utilisé alors qu'il était à la portée de chacun. **Il n'a pas été suggéré**, ce qui laissait entendre qu'il était inutile de pratiquer un examen supplémentaire pouvant perturber l'enfant parce que le diagnostic était évident. Gabriel se prêtera, par la suite, sans faire aucune difficulté, à cet examen. Il subira même une manométrie rectale sans manifester aucune réserve. **Il n'y avait donc aucune opposition de l'enfant.**

Le diagnostic péremptoire de sodomie fait avec légèreté par les Dr Digeon et Ritter par simple examen clinique sans recours à des examens complémentaires (échographie anale par exemple), sans aucune précaution ou réserve, sans même conseiller une consultation médicale pour le suivi des lésions est, selon moi, une faute professionnelle, faute dont les conséquences judiciaires ont été particulièrement lourdes pour l'accusé et sa famille.

L'AUDITION DE GABRIEL PAR LA JUGE D'INSTRUCTION

Près de deux ans après la plainte, il était temps que la Juge d'Instruction entende Gabriel. Quelle crédibilité peut-on accorder à une telle audition ? L'enfant a eu le temps, au fil des multiples interrogatoires, de modifier, de modeler, d'arranger son récit. Il l'a modifié lorsque cela ne convenait pas. Il l'a modelé, arrangé pour qu'il soit crédible, pour que l'on ne le prenne pas pour un menteur. Devant l'absence d'enregistrement vidéo initial, l'audition de Gabriel par le Juge d'Instruction aurait dû se faire très tôt, avant que l'enfant soit entendu par ses proches, les psychologues, les médecins… Deux ans après, sa parole est maintenant complètement contaminée.

Ce n'est pas la Juge d'Instruction qui risque de le faire douter. En effet, elle accueille Gabriel par ces mots : *« **Des médecins au nombre de trois à ce jour t'ont examiné et ont dit que quelqu'un t'avait mis quelque chose dans les fesses.** »*
Puisque trois médecins le disent, alors c'est que c'est vrai ! Elle oublie le Dr. Ohayon qui a critiqué l'examen et le diagnostic faits par la Cellule de Maltraitance de Reims dès le 10 juillet 2000.
Voilà l'enfant rassuré par la Juge d'Instruction elle-même. Est-ce bien son rôle ? Il aurait été plus judicieux de dire : *« Gabriel, raconte-moi ce qui t'est arrivé »* et ensuite de comparer la parole de l'enfant dans ses différentes versions. Sa conclusion aurait été simple : Gabriel a obligatoirement menti, soit lorsqu'il raconte le bain avec le chat qui pousse la porte, soit lorsqu'il décrit un "vieux monsieur", la villa avec les deux piscines, la meute de chiens… Un simple ordinateur, dira Mme Gadd, responsable de l'enquête pour la Révision, répondra à sa place, clairement : les faits allégués par Gabriel n'ont pu se produire.
Un peu plus loin, la Juge pousse Gabriel à décrire des gestes sexuels, ce que l'enfant ne fait pas spontanément : « **Essaie de**

nous dire comment ton grand-père a commencé à te toucher et quelle partie du corps ? »

Gabriel, manifestement à court d'éléments à raconter, fait une description qui prouve à elle seule qu'il n'a jamais été agressé :

« Ça a commencé par le sexe puis les fesses et puis après ça a empiré, pour être rapide en résumé. Au début c'était le sexe tout seul ensuite les fesses toutes seules et puis ça a été les deux en même temps. Et puis ça a diminué pour revenir au point de départ comme si il y avait une part symétrique. »

La Juge, constatant que Gabriel est incapable de décrire spontanément une agression sexuelle, change de méthode.

« Es-tu d'accord pour répondre à nos questions par oui ou par non ? »

Gabriel : « Oui. »

Nous y sommes. Répondre par oui ou par non, c'est tellement plus facile. L'adulte pose les bonnes questions, l'enfant ne risque plus de déraper et de raconter n'importe quoi, comme il vient de le faire.

La Juge va lui rappeler le scénario puisque l'enfant ne s'en souvient plus.

« Tu as dit qu'il t'avait touché ton zizi, qu'il l'a caressé, qu'il l'a tiré et qu'il l'a sucé ? »

Gabriel : Oui, c'est ça.

Évidemment ! Encore une fois, c'est le magistrat qui fait la description des faits. Cela évite à l'enfant de se contredire ou d'oublier quelque détail. Cela permettra aussi d'inscrire dans l'acte d'accusation que l'enfant réitère ses accusations de façon constante et cohérente.

La Juge va continuer, avec la même méthode, à poser des questions qui amènent automatiquement les bonnes réponses :

« Étais-tu habillé ? »

Gabriel : « Non, tout nu. J'ai pas trop envie d'en parler. »

« Qui prenait les photos ? »
Gabriel : « C'est le monsieur et quand il prenait les photos, papy était toujours présent. »

« Et ça se passait où ? »
Gabriel : « Dans la villa de papy, dans la salle de bains. »

« Y-a- t-il eu plusieurs séances de photos ? »
Gabriel : « Oui, et plusieurs pellicules à chaque fois... »

La Juge va même raccourcir l'interrogatoire par une question globale :

« Tu as donné de nombreux détails sur la voiture du monsieur, sur la villa dans laquelle tu serais allé, est-ce que tout cela est bien la vérité ? »

Gabriel : « Tout ça c'est bien la vérité. »
Personne ne peut imaginer qu'à cette question, devant un magistrat et son greffier, devant plusieurs avocats en robe noire, ses parents et grands-parents l'attendant derrière la porte du bureau, Gabriel pouvait répondre : *« Tout cela est faux, ce ne sont que des mensonges! »*
Ce n'est pas comme cela que l'on doit recueillir la parole d'un enfant.

Des études ont été faites depuis des années dans plusieurs pays comme les Etats-Unis, le Canada, la Belgique. Des protocoles de recueil de la parole d'un enfant victime ou témoin ont été développés, testés, évalués sur de grandes séries. Il serait utile que la Justice y fasse référence et forme son personnel de façon régulière à ces méthodes. (*Voir Mireille CYR- Recueillir la parole de l'enfant témoin ou victime -De la théorie à la pratique - Dunod -2014*).

MON AUDITION PAR LA JUGE D'INSTRUCTION
23 OCTOBRE 2002

J'attendais ce jour avec impatience, depuis plus de 2 ans.

Je me présentai au bureau de la Juge avec mes avocats le 23 octobre 2002. La réception fut glaciale. Pas un sourire, ni un bonjour, ni un serrement de main. La Juge d'Instruction attaqua tout de suite :

« Vous avez pris un avocat à Reims, je ne comprends pas pourquoi. Hein, pourquoi ? »

Je suis un peu surpris. En quoi le choix de mes avocats concerne la Juge. Je réponds que c'est un ami, que je n'oublie pas les mauvais traitements psychologiques qu'a subis l'enfant ni la procédure d'hébergement qui est suspendue. Elle hausse les épaules et dit ne pas comprendre.

Elle continue sur ce même ton agressif et "méprisant" : « *Bon, dit-elle, les choses ont commencé en janvier 2000.* » Je la reprends et dis, qu'à mon avis, les choses ont commencé en 96 lorsque les parents ont écrit à leur avocat pour dire qu'ils me soupçonnaient d'attouchements sexuels sur l'enfant et qu'ils avaient alors interrogé longuement celui-ci.

Elle m'interrompt en disant : « *Oh, cette histoire de zizi, est sans importance...* » Elle me lit successivement les déclarations des parents, du psychologue qui a vu la première fois l'enfant, du médecin qui a fait le signalement. Elle essaie de montrer que tout est cohérent, concordant donc véridique. À chaque fois, elle me demande : *« Qu'en dites-vous ? »* Dès que je commence à contester tel ou tel point, à mettre en évidence un fait ou une attitude qui ne rentre pas dans l'édifice qu'elle a construit, elle manifeste son mécontentement, presque sa colère : *« Qu'est-ce que vous voulez insinuer ? »*, ou bien fait des moues montrant le peu de cas qu'elle fait de mes déclarations. Elle essaie manifestement de me faire craquer mais je tiens bon.

Elle élude des points importants comme la lettre écrite par mon fils en mars 98 dans laquelle il nous menace de nous priver complètement de l'enfant qui est pour lui une arme, **"ma seule arme"**, dit-il.

Et puis vient la grosse attaque. ***Trois médecins ont constaté des lésions anales typiques de sodomie ainsi qu'une probable lésion du sphincter***. *« Alors que dites-vous »*, me lance-t-elle comme un défi !

Je prends une grande respiration et calmement je lui fais une réponse technique.

« Premièrement, les médecins ne précisent pas la description de ces lésions.

Est-ce que ce sont des cicatrices, des fissures ? On ne sait pas.

Sont-elles récentes, tardives, semi-tardives ? Elles ne sont pas datées, même approximativement.

Pourquoi n'avoir pas fait une échographie anale pour vérifier le sphincter dont les lésions sont indélébiles ?

La photo montre des lésions apparemment rouges, donc récentes ? Or tout le monde sait que les lésions fissuraires après sodomie guérissent totalement sans laisser de trace en quelques semaines, un mois tout au plus, ce qui n'est pas cohérent avec une agression vieille de 2 ou 3 ans.

Pourquoi les médecins de la Cellule de Maltraitance de Reims n'ont pas pris contact avec le médecin traitant pour savoir si Gabriel n'était pas sujet à de la constipation ou si l'on ne pouvait penser à de l'oxyurose responsable de lésions de grattage ? »

Je conclue en signalant que c'est moi qui ai demandé la contre-expertise, qu'elle a été ordonnée par son prédécesseur et que j'attends les résultats avec intérêt.

La Juge n'apprécie pas mon exposé, c'est manifeste. Ainsi elle me dit **qu'elle a reporté la contre-expertise médicale** pour ne pas traumatiser un enfant déjà très fragile. Elle me demande ce que j'en pense. Je dis que j'avais été également inquiet de l'état psychologique de l'enfant et que nous avions écrit au Juge des Enfants de Reims pour qu'il soit suivi avec la plus grande attention. Elle m'apostrophe plusieurs fois : *« Et si l'enfant refuse l'examen, l'obligeriez-vous ? Oui ou non. »* Elle veut montrer que je suis un personnage cruel, capable de faire du mal à mon petit-fils. Calmement, je lui réponds que cette contre-expertise est un examen anodin, qu'il n'est pas nécessaire dans un premier temps de vérifier le rectum. La sonde anale a le diamètre d'un suppositoire ou d'une canule à lavement.

Mais le ton de la Juge monte. Peut-être ne supporte-t-elle pas mes réponses. Me Baudoux s'emporte : *« Je suis révulsé par la façon dont vous procédez à cet interrogatoire. Je demande une suspension ... »*

À midi 30, nous faisons une pause. Me Chevais me confie avant de partir : *« C'est une instruction entièrement à charge. Je ne suis pas optimiste pour la suite... »*

Avec Me Baudoux, je prends un café et nous échangeons quelques propos amers dans le hall de la Maison des Avocats. Je téléphone à Jeanine et ne peux m'empêcher de lui dire ma surprise désagréable et mes sentiments plus que moroses.

À 14 h 15, l'interrogatoire reprend sur le même ton. Vella a pris fait et cause pour les accusateurs. Elle les trouve modérés dans leur expression.

« Votre fils ne voulait pas que j'inscrive dans le rapport "mon père m'emmerde". C'est moi qui lui ai dit qu'on pouvait le mettre. »

Cela ne la surprend pas que mon fils que nous avons élevé dans le respect des parents pour en faire un médecin dise à la Juge : *"Mon père m'emmerde."* Pour un peu, elle donne l'impression de l'avoir félicité d'injurier ainsi son père.

Je suis le père affreux qui n'a pas aimé son fils. *« Celui-ci a bien fait de prendre ses distances »,* dit-elle. Elle se lance dans de la haute psychologie lorsque je fais un lapsus sur Gabriel en disant : *« Quand je me promenais dans Vence, tout le monde était gentil avec lui... vous pensez, c'était le fils du maire. »*

Elle esquisse un petit sourire triomphant : **« Vous avez dit le fils... D'ailleurs, il est frappant comme Gabriel vous ressemble et non Philippe. Manifestement, vous avez transféré sur Gabriel ce que vous n'avez pas eu avec votre fils. »** Je la regarde un peu étonné et lui dis : *« Alors c'est criminel d'aimer son petit-fils ? »* **« Non, mais vous n'avez pas une réaction normale avec Gabriel. »**

Que répondre ??

Un peu plus tard, elle lance :

« En tous les cas, vous ne pouvez pas dire que je ne connais pas le dossier. Je l'ai emmené chez moi tout un week-end, j'ai lu toutes les déclarations des uns et des autres… " *Oui,* pensai-je, *surtout des autres, puisque ce sont eux qui s'expriment le plus souvent. "*

Peut-être ai-je dû froisser son amour-propre à plusieurs reprises en lui montrant involontairement qu'elle n'avait pas une connaissance précise des éléments du dossier. Par exemple, sur le soupçon que nous avions eu de l'appartenance des parents maternels à une secte, elle me dit : **« Ce soupçon n'existe plus. »** Elle vient de recevoir du Ministère de l'Intérieur une réponse complètement rassurante au sujet des Gédéons. Elle me la lit intégralement et lentement pour que je comprenne bien que les Gédéons ne sont pas une secte.

« Bien, lui dis-je, *mais je n'ai jamais accusé la famille maternelle de Gabriel d'appartenir aux Gédéons et je sais parfaitement que les Gédéons ne sont pas considérés comme une secte. Donc la réponse du Ministère ne correspond pas à mes soupçons.*

Par contre, Élisabeth, la mère de Gabriel, a dit dans sa dernière déclaration (je vous y renvoie) qu'elle et ses parents avaient appartenu aux Frères Larges. Et j'ai craint que les Frères Larges aient un fonctionnement à caractère sectaire. J'ai eu ces craintes simplement en consultant Internet. »

Elle reconnaît qu'elle ne l'avait pas noté et cela l'énerve.

Elle me demande si j'abandonne la qualification de sectaire lorsque l'on parle de la communauté baptiste de M. et Mm. S. qui se réunit chaque vendredi dans leur villa. Je lui réponds négativement et lui explique que selon le rapport Vivien, est définie comme sectaire une communauté qui tend à faire rompre à leurs adeptes tout lien familial et c'est ce qui est arrivé à mon fils... La loi a renoncé à faire une liste des sectes en France ; par contre, le comportement sectaire de certaines communautés est à apprécier sur des témoignages, confirmant en particulier la manipulation mentale.

La juge continue : *« Il paraît que vous avez emmené l'enfant sur la grande échelle des pompiers, qu'il a été photographié avec l'écharpe tricolore ! »* Je lui explique, qu'en effet, j'ai emmené l'enfant chez les pompiers parce que, à cet âge, les enfants sont particulièrement émerveillés par les uniformes, les camions, le matériel... et que le capitaine, voulant me faire plaisir, m'a fait monter avec l'enfant sur la nacelle de la grande échelle. Quant à la photo avec l'écharpe tricolore, elle est l'œuvre d'une de mes secrétaires au cours d'un passage de Gabriel à la Mairie.

La Juge, toujours aussi froide, déclare qu'elle a encore plein de questions à me poser mais que l'on va en rester là pour aujourd'hui.

« On reprendra cet entretien plus tard. »

Je demande : *« Quand ? »*

« *Très bientôt,* **affirme-t-elle.** *Je ne vais pas attendre trois mois.* »

Ce second entretien de fond sur le dossier n'a jamais eu lieu.

Que déduire de cette longue audition ? La Juge instruit mon dossier complètement à charge. Elle semble absolument convaincue de ma culpabilité. Elle croit la parole de Gabriel, quoiqu'il dise ou invente.

Je suis effondré, découragé. Mes espoirs de voir la Justice se ressaisir s'envolent. La machine judiciaire est en marche. Elle a toujours raison. Elle ne connaît pas le doute. Tous ceux ou celles qui la servent, l'accompagnent dans sa marche inéluctable, psychologues, psychiatres… J'ai peur pour la première fois, comme si je me trouvais devant un char qui avance vers moi. Je pense à cette photo d'un jeune manifestant chinois debout, immobile devant un blindé qui fonce vers lui. Va-t-il être écrasé, vais-je être écrasé ? J'avoue que ce sentiment de peur m'envahit pour la première fois.

ET LES ANNÉES PASSENT...

Une enquête privée

Ma femme voit à la télé une émission qui démontre l'efficacité d'enquêteurs privés pour sortir d'affaire des innocents accusés. Elle me demande de prendre contact avec eux. J'hésite quelques jours et puis je les joins par téléphone. Ils acceptent de prendre mon dossier. Ils me demandent d'organiser une petite réunion dans un hôtel avec les amis qui me soutiennent. Ils estiment que mon affaire est grave et que je risque fort d'être condamné. Mon moral est au plus bas. Je ne sais plus que faire. En effet leurs exigences sont fortes : abandonner mes avocats, prendre une nouvelle avocate parisienne, une de leurs amies, verser des provisions financières très élevées. Je finis par obéir et donne suite à toutes leurs demandes.

6 mois plus tard, n'ayant aucune nouvelle, je leur fais une lettre de rappel. Ils prennent mal cette démarche et décident unilatéralement de mettre fin à leur enquête.

Pour autant, ils ne me remboursent aucun de mes versements (de l'ordre de 30.000 euros). Comment qualifier une telle attitude ?

Encore un échec et beaucoup d'argent dépensé. Je n'ai plus de revenus municipaux et j'utilise mes économies mais elles ne sont pas intarissables.

Des remplacements de médecin-radiologue

Pour m'obliger à réagir, et sur les conseils d'amis radiologues, je me décide à faire quelques remplacements. Je retrouve avec plaisir l'ambiance des cabinets, le contact avec les malades et les confrères. Quelle belle profession ! Quelle idée m'a pris de la quitter pour un mandat politique ?

La Juge d'Instruction me signe facilement toutes les autorisations de déplacement, y compris deux au Vietnam. Elle m'accorde ainsi de façon tacite la possibilité de traiter des enfants et de voyager à l'autre bout de la terre. J'apprécie cet élargissement des contraintes judiciaires et les interprète comme un signe favorable pour la suite.

Je me trompais.

L'EFFONDREMENT DU DOSSIER MÉDICAL

LE RAPPORT DU PROFESSEUR GRIMAUD

C'est pendant un remplacement que j'effectuais dans le Service de Radiologie de l'Hôpital de Figeac que mon épouse m'appela par téléphone. Elle avait reçu le rapport du Professeur Charles Grimaud, Professeur des Universités, Praticien des Hôpitaux dans le service d'Hépato-gastro-entérologie de l'Hôpital Nord de Marseille, Expert près la Cour de Cassation. Il était chargé par la Juge d'Instruction d'examiner le dossier médical de Gabriel et de donner son avis sur les premières expertises faites à Reims.

Voilà ce qu'il écrit.

L'examen de la première pièce du dossier est la lettre rédigée par le docteur Laurence Dulière le 28 juin 2000. Le Pr Grimaud note :

" La lecture de cette lettre permet de dégager quelques incertitudes. En effet, on ne connaît pas le délai entre l'éventuelle agression sexuelle par sodomie et l'examen proctologique."

C'est en effet une lacune grave que j'ai signalée dès le début de l'enquête.

Le Professeur continue :

"Par ailleurs, le docteur Dulière n'a réalisé qu'une inspection en décubitus dorsal ce qui ne permet pas de bien déplisser la

marge anale et cet examen proctologique est incomplet. Il n'y a ni toucher rectal ni anuscopie."

Confirmant ainsi les observations faites à la Juge au cours de mon audition.

Il donne son avis sur la pièce D46 émanant d'une expertise du docteur Patrick Ohayon (10 juillet 2000) qui avait émis quelques critiques sur le signalement et le certificat initial et qui n'avait pas retenu l'attention du Juge d'Instruction. *"Les questions posées sont pertinentes ainsi que ses conclusions".*

Il analyse ensuite le rapport D1S1 des docteurs Digeon et Ritter, ce qui lui permet de noter plusieurs éléments :

"Gabriel est un enfant dont les parents sont séparés depuis le 27 août 1998 avec un divorce prononcé le 15 mars 2000, avec un droit de visite pour les grands-parents obtenu en août 1997."

"Ces faits témoignent d'une instabilité manifeste du noyau familial avec des procédures de la part des grands-parents pour obtenir la permission de visites et d'hébergement de leur petit-fils."

C'est une observation essentielle qui avait, semble-t-il, échappé aux docteurs Digeon, Ritter et Dulière. Essentielle, car tous les experts en allégations d'abus sexuel, insistent sur la nécessité de replacer les allégations dans le contexte familial.

"L'aspect sur les photos, écrit le professeur, *peut évoquer des lésions de grattage anciennes. Il ne faut pas oublier que le prurit anal est très fréquent du fait de la possible contamination par une oxyurose, le prurit est parfois féroce, non ressenti par l'enfant endormi et peut provoquer ce type d'anomalie cutanée péri-anale."*

Après avoir pris connaissance de mes déclarations faites au Juge d'Instruction le 23 octobre 2002, le Professeur écrit : *"La contestation de Monsieur Iacono concernant l'aspect médical des lésions est en partie recevable. En effet, d'après les données de la littérature, il est très important de pouvoir examiner l'agressé dans les 7 jours qui suivent l'agression, faute de quoi l'aspect des lésions devient non spécifique."*

Concernant les examens complémentaires, le Professeur émet un avis positif : *"Les examens demandés par le grand-père, à type de manométrie ano-rectale et échographie endo-anale, pourraient apporter des arguments s'ils étaient positifs : hypotonie du canal anal, lésions de rupture sphinctérienne anale (sphincter anal externe et sphincter anal interne). Cependant, l'absence de lésions n'écarterait pas un acte de sodomie."*

En ce qui concerne les photos de l'anus de Gabriel, le Professeur est formel : *"Il n'existe pas de manière caractéristique de lésions de séquelles de sodomie."*

Il conclut : *"Il est difficile de retenir stricto sensu les lésions décrites par les différents médecins pédiatres comme étant caractéristiques d'une sodomie."*

Enfin une analyse contradictoire ! On était sorti de Reims et de la Cellule de Maltraitance de l'Hôpital !

Une avocate parisienne qui s'occupait alors de mon dossier, m'écrit et me dit que pour elle, il n'y a plus de dossier Iacono.

Je le pensais aussi puisque l'origine des lésions anales, seul élément factuel, était fortement contesté comme il l'avait été par le Dr Ohayon, médecin légiste à l'Hôpital Pasteur de Nice.

La Justice ne pouvait plus se contenter des examens cliniques faits par la Cellule de Maltraitance de l'Hôpital de Reims. La Juge qui m'avait apostrophé parce que je réclamais cette contre-expertise depuis janvier 2001, qui avait essayé de me faire passer pour un être insensible à la douleur de mon petit-fils, qui avait menacé d'annuler l'ordonnance faite par son prédécesseur, ne pouvait plus retarder ou refuser ces examens.

Mais il était bien tard. Combien la démarche des parents et de la Juge d'Instruction, refusant pendant des années cette contre-expertise, a été nuisible à la manifestation de la vérité ! L'examen de l'anus de l'enfant dans les mois qui ont suivi l'accusation aurait permis de suivre l'évolution des lésions (si elles existaient) et de tirer des conclusions intéressantes sur leur origine.

Pourquoi cette attitude fermée de la Justice ? Pourquoi ne pas faire l'analyse de toutes les pistes et de toutes les pièces du dossier ? Je constatais fort tristement que **la balance judiciaire n'a pas toujours des plateaux en équilibre.**

Mais un non-lieu prochain me semblait inévitable et je reprenais courage et optimisme. Cependant, la Juge tenait absolument à faire pratiquer la fameuse contre-expertise à laquelle elle s'était opposée jusqu'à maintenant. Encore des mois à patienter !

LA CONTRE-EXPERTISE DES PROFESSEURS RAUTU-REAU ET CONFRERES

Le 30 juillet 2004, Mme Vella charge le Pr. Rautureau, Professeur des Universités, Médecin des Hôpitaux, Expert National, de cette contre-expertise avec manométrie ano-rectale et échographie endo-anale.

Le Professeur Rautureau reçoit l'enfant accompagné de sa mère le 6 octobre 2004. Il note :

"Gabriel ne se plaint d'aucun trouble au niveau anal : pas d'incontinence sphinctérienne anale ou vésicale, pas de prurit, pas de trouble digestif inhabituel... L'examen proctologique a été refusé ce jour."

Le Professeur remarque également : *"Un climat d'hostilité évident existait entre le fils et sa mère lors de ce premier entretien. Cette dernière rabrouait fréquemment Gabriel. Elle a déclaré que son fils était difficile depuis leur séparation. Elle ne voulait pas s'engager à le conduire aux examens qui seraient demandés et elle en laissait le soin au père."*

Le docteur Cargill, gastro-entérologue, pratique, le 28/01/2005, en présence du Professeur Rautureau, une manométrie ano-rectale et une EMG anale à l'électrode diabolo.

Ils concluent : *"Les résultats de ces premières investigations ne peuvent pas affirmer le sévice sexuel car les anomalies restent modestes et une écho-endoscopie anale est indispensable."*

L'écho-endoscopie basse a été réalisée le 15 juin 2005 par le docteur Sfedj et le Professeur Benamouzig à l'Hôpital Avicenne de Bobigny.

Voici les conclusions :

"L'examen clinique de la marge anale réalisée préalablement n'a montré aucune lésion active ou séquellaire de la muqueuse anale ; il n'y avait pas de béance anale pathologique et la contraction sphinctérienne appréciée au toucher rectal paraissait normale.

L'examen écho-endoscopique n'a pas révélé de lésion du sphincter anal : il n'existait aucune image de défect séquellaire d'une rupture ancienne du sphincter."

Il ne restait plus au Professeur Rautureau qu'à tirer les conclusions générales de l'ensemble des examens pratiqués et qui constituent la fameuse contre-expertise que nous avions demandée en janvier 2001.

"Cinq ou sept années après la fin des actes de sodomie allégués, l'examen clinique n'apporte aucun argument :

Gabriel ne se plaint d'aucun symptôme digestif ni d'aucun trouble de la fonction ano-rectale, ni de prurit ni de douleurs anales.

136

L'examen de la région anale ne révèle aucune lésion active ou séquellaire de la marge anale tant sur son versant muqueux que cutané.

La discrète béance anale n'a aucun caractère pathologique en elle-même. Elle peut être d'intensité variable et en rapport avec les épisodes de constipation apparus depuis son séjour au pensionnat."

Pour employer un langage moins technique, on dira que les experts ont trouvé un anus et un sphincter complètement normaux.

Ils répondent également aux questions posées par la Juge d'Instruction :

*"Sur la photographie (cote D.151), il n'existe effectivement aucune décoloration objective des téguments. L'aspect qui apparaît plutôt érythémateux et débordant la marge anale, pourrait être en rapport avec **des lésions de grattage**."*

Ainsi, les premières impressions que j'avais exprimées dès que le dossier médical m'avait été communiqué, sont confirmées par tous les contre-experts.

Ensuite, le Pr Rautureau donne son avis sur le rapport des docteurs Digeon et Ritter :

"L'image photographique est difficile à analyser et ne permet pas de remettre en cause la description faite par les docteurs Digeon et Ritter qui ont vu ces lésions. Toutefois, je peux affirmer qu'en 2005, les lésions constatées 5 ans auparavant n'ont laissé aucune trace. Par ailleurs, l'appréciation du tonus et de la souplesse du sphincter par les médecins cités ci-dessus leur faisait évoquer une rupture sphinctérienne. A posteriori, il est possible de dire qu'elle n'existait pas car elle aurait laissé une cicatrice indélébile or il n'en existe pas en endoscopie."

C'est un point important. En effet, le docteur Digeon avait affirmé sur son rapport :

"Au toucher rectal, on perçoit une perte discrète de la souplesse du sphincter et de sa tonicité à 20 heures, traduisant vraisemblablement une zone cicatricielle à ce niveau."

Ce signe clinique était vraiment pour elle la preuve d'une sodomie ancienne. Or c'est une erreur. S'il y avait eu une lésion du sphincter, on en verrait la cicatrice sur l'échographie. Donc pour le Professeur Rautureau, le docteur Digeon s'est trompé. L'échographie le prouve formellement. Ce Médecin-Praticien affirme de façon péremptoire et "arrogante" (en particulier au cours de l'audience) qu'elle est très compétente en la matière et qu'elle a vu, elle, contrairement aux autres experts, les lésions. Elle n'est pourtant pas à l'abri d'une belle erreur de diagnostic. Croyant sentir, au toucher rectal, un sphincter moins souple, moins tonique, elle n'hésite pas à parler d'une zône cicatricielle. Cette zone cicatricielle n'existe pas et n'a jamais existé.

Conclusion

Le bilan médical me disculpe complètement. En effet, s'il y a eu un acte d'agression sexuelle sur Gabriel pendant la semaine de vacances qu'il passe à Vence l'été 1997 ou 1998, les fissures éventuelles (rarissimes, 5% des cas, selon les statistiques) cicatrisent en moins d'un mois et donc les constatations faites en juin et octobre 2001 n'ont aucun rapport avec une agression 2 ou 3 ans auparavant. Ou bien il s'agit de véritables déchirures de la marge anale, faits exceptionnels, d'une violence extrême, s'accompagnant souvent de lésions du rectum, du sphincter, et quelquefois de complications péritonéales. Les cicatrices de telles lésions sont indélébiles et auraient donc été décelées sur les examens faits par les contre-experts.

J'attends donc avec un certain optimisme la décision de non-lieu.

LE RENVOI EN COUR D'ASSISES

UNE CONFRONTATION SANS INTERET

La confrontation, comme c'est souvent le cas, ne servit à rien. La mise en scène d'une telle procédure a peu de chance d'obtenir des révélations intéressantes. Des chaises sont placées contre le mur en face de la juge d'Instruction. Gabriel est assis à une extrémité de la pièce, moi à l'autre bout. Les avocats en robe noire nous séparent. Je ne peux pratiquement pas voir mon petit-fils et je suis presque entièrement caché à sa vue. Quant aux dialogues, il n'y en a pas. La Juge nous a prévenus, c'est elle qui pose les questions.

Elle commence par demander à l'enfant de raconter ce qui lui est arrivé. L'enfant répond qu'il préfère répondre à des questions. La Juge pousse un soupir, montrant qu'elle va lui donner satisfaction à son corps défendant. Gabriel, lui, a bien compris les avantages de la méthode de questionnement par "oui ou non".

Elle commence donc :

« Tu as dit que ton grand-père t'avait mis le zizi dans les fesses ? »

« Oui. »

« Tu as dit que cela s'était passé dans la salle de bains. »

« Oui. »

Et ainsi de suite. Puis se tournant vers moi :

« Que dites-vous, monsieur Iacono, devant ces accusations ? »

« Je vous affirme qu'il n'y a rien de vrai dans tout cela. Je n'ai jamais touché un enfant, ni celui-ci, ni un autre. »

140

Et la Juge conclut : « **En somme, c'est la parole de l'enfant contre la vôtre.** »

Pas très original, comme réflexion. Mais dangereux ! En effet, des jurés d'Assises croiront facilement la crédibilité de l'enfant, *"cet être qui ne ment jamais "* comme le déclare sa grand-mère maternelle. Alors que tout le monde pense *"qu'un homme politique utilise le mensonge régulièrement. "*

Pour terminer, la parole est donnée aux avocats pour une dernière question. Me Baudoux, un de mes défenseurs, pose cette question à Gabriel *:*

« Qu'est-ce que c'est pour toi le mensonge ? »

L'enfant réfléchit un moment et commence à répondre :

« Il y a deux sortes de mensonge, celui qu'on fait à l'école et celui à la maison quand on est obligé... »

D'un coup, l'attention de tous est suspendue aux paroles de l'enfant :

« Comment ça, interroge Me Baudoux, *peux-tu nous expliquer ? »*

Gabriel réfléchit à nouveau. Il hésite. Son avocat intervient alors vivement :

« Cet enfant est fatigué. Il en est à sa deuxième confrontation. Madame la Juge, il faut arrêter la séance ! »

Et Madame la Juge lui donne raison. Elle met fin à la confrontation. Ainsi, on ne saura jamais ce que l'enfant avait l'intention de dire sur le mensonge, sur les différences entre un mensonge à l'école et un mensonge à la maison "quand on est obligé" … Dommage pour la vérité ! Dommage pour l'enfant et dommage peut-être pour moi !

Le matin même, Gabriel avait été confronté avec le pseudo-complice, Monsieur B.

Dans le compte-rendu de cette confrontation dont j'eus connaissance quelques jours plus tard, je notai un incident intéressant. À un certain moment, l'avocat de la défense demande à l'enfant :

« Ta mamy, elle le connaissait le "vieux monsieur" ? (le pseudo-complice).

L'enfant répond : *« Bien sûr, il lui parle sur la cassette du mariage. »*

« Quelle cassette ? » **demande l'avocat, intrigué.**

« La cassette du mariage de papa et maman. »

« Quand l'as-tu vue cette cassette ? »

« Je ne sais pas. Il y a longtemps. Quand mes parents se sont séparés, ils ont jeté la cassette. »

Puis l'enfant réfléchit un moment et lance : *« C'est après que les policiers m'ont montré l'album de photos. »*

L'avocat continue : *« Tout à l'heure, tu disais "il y a long-temps". Maintenant tu dis "après la présentation de l'album"... »*

Le dialogue est interrompu par l'avocat de la partie civile et l'on ne connaîtra pas la fin de l'histoire.

C'est dommage. Il n'y avait que 3 cassettes du mariage. J'en possède une. Les deux autres sont chez les parents et les grands-parents maternels de Gabriel. Qui lui a montré la cassette du mariage **avec mamy qui parle au "vieux monsieur" ?** Est-ce avant ou après que les policiers aient effectué ce que l'on appelle un "tapissage" au début de l'année 2001 ? Et pourquoi Gabriel insiste-t-il en précisant bien que la cassette du mariage lui a été montrée **APRÈS que les policiers aient fait le tapissage et non pas AVANT** ?

On peut imaginer que l'un des parents qui possédait la cassette du mariage l'a montrée à Gabriel en faisant un arrêt sur l'image du "vieux monsieur" suspect, pour savoir si Gabriel le connaissait. Mais ensuite, cette même personne s'est abstenue de signaler à la Justice qu'elle avait montré l'image de ce monsieur avant le tapissage. Ce qui vaudra au "vieux monsieur" de se retrouver mis en examen et jugé par une Cour d'Assises en 2009, avant d'être complètement innocenté.

5 ANS DEJÀ !

Accusé levez-vous ! Peut-être serai-je un jour obligé de répondre à ce commandement d'un président d'une Cour d'Assises. En imaginant la scène, je suis empli d'un sentiment de honte. Honte pour moi, pour ma famille. Honte pour mon fils qui tente d'envoyer deux innocents en prison. Honte pour la Justice elle-même.

Jamais au grand jamais, je n'aurais pu penser qu'une telle accusation pouvait s'appliquer à une personne telle que j'ai le sentiment d'être.

Que suis-je donc ? Un homme de 65 ans au moment de l'accusation, père de deux enfants, un garçon (l'accusateur) et une fille, Cécile. Marié à Jeanine depuis 1961, soit depuis une quarantaine d'années. Radiologue à Cagnes-sur-Mer, j'ai créé plusieurs cabinets et services de Radiologie dans la région. Je préside la société qui a installé et dirige le scanner de l'Institut Tzanck à Saint-Laurent-du-Var. J'ai eu une vie professionnelle pleine, intense, passionnante. Ma profession m'a conduit à examiner, radiographier, échographier des centaines, voire des milliers d'enfants. Jamais personne, ni avant ni après l'accusation, n'a signalé la moindre anomalie de mon comportement à l'égard d'enfants. Une telle crainte ne m'avait jamais effleuré tant je suis connu pour ma sensibilité et mon respect de l'humain. Combien de fois ai-je débattu de ces problèmes, défendant un humanisme contre toutes les formes d'idéologie ? Lecteur et admirateur de Camus, méditerranéen de culture, médecin avant tout, l'homme a toujours été au cœur de mes préoccupations. Quant à l'enfant, il est pour moi ce petit être pur, empli d'amour, un envoyé du ciel, qu'il faut prendre par la main pour en faire un homme. J'ai trop souffert à l'Institut Gustave Roussy, où j'ai occupé pendant un an, à mes débuts, les fonctions de résident dans le service de radiothérapie infantile. Trop souffert devant ces petits êtres condamnés, ces regards qui vous transpercent. Si je n'ai jamais pu complètement adhérer à la foi chrétienne, c'est que je n'ai jamais pu admettre la souffrance, la maladie, la mort d'un enfant.

Aussi je ne pouvais imaginer qu'un jour on m'atteindrait par une telle accusation au plus profond de moi, qu'on pourrait m'accuser de ne pas avoir de respect pour l'homme et surtout pour un enfant.

La Juge, au cours du seul interrogatoire qu'elle m'avait accordé, a reconnu que " j'aimais trop le petit Gabriel ". Je lui répondis : « Pourquoi ? Est-ce mal d'aimer un enfant ? »

« Non, me dit-elle, mais ce n'est pas tout à fait normal. »

C'est vrai, j'ai aimé plus qu'un autre le petit Gabriel parce qu'il était malheureux. Son père, pour l'éduquer, pensait qu'il fallait le "mater" et pour cela il n'hésitait pas à le punir de façon brutale, à l'humilier devant tout le monde, à le priver de toute affection. J'ai essayé de compenser, de montrer à cet enfant que l'amour existait, que la vie pouvait être belle, qu'elle était pleine de promesses. Malheureusement, je ne pouvais le faire que deux fois par an pendant quelques jours.

Alors, madame la Justice, penser un instant que je suis capable de faire subir une telle agression sauvage, brutale, à un enfant que j'aimais tant, est ridicule, voire scandaleux, ou peut-être les deux. Croire que j'invitais un "copain" pour qu'à son tour il "sodomise" mon petit Gabriel est tellement stupide que, par moments, je m'interroge sur l'état mental de mes accusateurs et de ceux qui ont mené l'enquête.

DEMANDE DE NON-LIEU

Il était temps de demander le non-lieu.

Un long rapport est rédigé par mes avocats faisant le point final de l'instruction. Il se termine par cette conclusion :

L'absence de toute preuve médicale d'agression sexuelle, le caractère fantaisiste, incohérent, contradictoire des récits, l'absence de tout élément concret venant les étayer, le contexte familial particulier, les menaces écrites formulées par le père, la qualité humaine du docteur Iacono Christian reconnue de tous, nous amènent à vous demander de rendre un non-lieu à son bénéfice. Il est temps, après près de six ans de souffrance et d'humiliation de rendre son honneur et sa dignité à un grand-père dont le seul tort a été de trop aimer son petit Gabriel. Et pour l'enfant, il est temps qu'il soit débarrassé d'un mensonge qui l'asphyxie afin qu'il puisse prendre un nouvel essor pour affronter la vie et ses problèmes.

LE RENVOI EN COURS D'ASSISES

Il ne restait plus à la Juge qu'à clôturer le dossier et à décider avec le procureur de le renvoyer ou non en Cour d'Assises. Il y eut, semble-t-il, un débat, des hésitations, **puis la décision du renvoi fut prise, accompagnée de l'acte d'accusation le 22 décembre 2006.**

MA CONTRE-ATTAQUE

CANDIDAT À LA MAIRIE

J'étais conseiller municipal depuis 2001. De plus en plus de Vençois m'interrogeaient sur mes intentions pour le prochain mandat de Maire qui devait se jouer aux élections d'avril 2008. Beaucoup m'encourageaient à me présenter à nouveau. J'hésitais en raison de mon âge (73 ans), mais je gardais une bonne forme physique, continuant la pratique de plusieurs sports. J'hésitais aussi en raison de cette affaire qui devait passer bientôt aux Assises. J'espérais que le procès aurait lieu avant la fin de l'année 2007, me libérant de cette énorme charge avant de me présenter devant les électeurs. Mais il fallait que je me décide en mars ou avril 2007 alors que la date de mon passage devant la Cour d'Assises des Alpes-Maritimes n'était pas programmée.

J'annonçais ma candidature par Nice-Matin.

De toute façon, je n'imaginais pas un instant que je puisse être condamné pour un acte que je n'avais pas commis et que je serais bien incapable de commettre.

À partir de septembre 2007, j'entrais donc dans la partie active de la campagne : réunions publiques, programme, affiches, tracts...

9 listes étaient en présence. Le Maire sortant, membre de l'UMP, avait la sienne. Le premier adjoint avait formé sa propre liste. Les socialistes et les communistes n'arrivant pas à s'entendre partaient séparément. Le MODEM, encouragé par les bons résultats de Bayrou en 2007, était présent. Il faut ajouter deux ou trois autres petites listes.

VICTOIRE ELECTORALE 2008

Au premier tour, j'arrivais nettement en tête et malgré le report d'une partie de l'UMP sur le candidat du MODEM, je l'emportais au second tour avec près de 45 % des voix. **C'était le meilleur score que je n'avais jamais réalisé sur la commune de Vence.** Avril 2008 fut un mois de fête et de mise en place du nouveau Conseil Municipal. Mon avocat me félicita en me disant qu'il n'aurait pas besoin de convoquer des témoins de moralité. Je me demande si je ne créais pas une situation exceptionnelle : me présenter devant les électeurs la tête haute alors que la Justice venait de m'envoyer en Cour d'Assises. J'expliquais autour de moi que c'était la meilleure façon de clamer mon innocence. Je n'ai jamais eu le courage d'entamer une grève de la faim, ni de me tirer une balle de revolver dans le pied. Mais je tenais à montrer que je pouvais regarder chacun de mes concitoyens les yeux dans les yeux. Je ne sais si le monde judiciaire apprécia ma démarche. Elle pouvait être interprétée comme une forme de défi, comme une opposition à l'Institution Judiciaire par le suffrage universel. Ce n'était pas du tout mon intention. Ce succès électoral de 2008 n'a probablement pas joué en ma faveur au moment du procès en première instance.

Quel bonheur de retrouver la Mairie, mon bureau, les fidèles services municipaux ! La vie revenait après ces 7 années de galère. Il y avait bien encore cette Cour d'Assises dans quelques mois, mais, pensais-je, ce sera pour moi la fin de mes ennuis. Je pourrai alors me consacrer pleinement à mon mandat de maire et réaliser une partie des rêves que je ne cessais d'échafauder pour ma cité.

COUR D'ASSISSES DES ALPES-MARITIMES

14 OCTOBRE 2008

Le procès devant la Cour d'Assises des Alpes-Maritimes s'ouvre le 14 octobre. Nice-Matin le qualifie de procès hors normes et parle d'un terrible face à face entre Gabriel et moi. Quant à moi, toujours confiant en la Justice, j'espère être enfin libéré de ce fardeau que je porte depuis plus de 8 ans.

Mais le procès va tourner court après deux journées d'audience. En effet, tout avait mal commencé entre mon avocat, Me Dupond-Moretti et la présidente du Tribunal, Nicole Besset. L'avocat lillois, retenu la veille à Montauban, avait demandé à la présidente de ne pas évoquer les faits dès le premier jour, en raison de son absence. Selon lui, Nicole Besset avait donné son accord. Or, il apprend dès son arrivée, mardi matin, deuxième jour du procès, que l'inspecteur de la Police Judiciaire niçoise, responsable de l'enquête, a été entendu la veille. D'où son éclat à l'ouverture de l'audience :

« Contrairement à votre promesse, vous avez évoqué hier les faits et non la personnalité de l'accusé. Vous avez ainsi interrogé le patron de la brigade criminelle à qui je voulais poser des questions. Vous n'avez pas tenu parole, je passe pour un imbécile. »

« Je n'ai pas souvenir d'une telle promesse », répond la présidente.

Deux heures plus tard, nouvelle escarmouche. La présidente fait témoigner un contre-expert alors que les experts n'ont pas été entendus. La cour rejette la demande de renvoi déposée par mes avocats.

La troisième escarmouche survient un peu plus tard. La présidente montre une photo sous scellés aux jurés alors que la défense ne la connaît pas.

« La loi a été violée. Il y a des limites à ne pas dépasser » tonne Dupond-Moretti.

Après une longue suspension de séance, Nicole Besset accepte cette fois la demande de renvoi.
Je rentre penaud à Vence. Il va falloir attendre encore quelques mois pour voir la fin de ce cauchemar, pensai-je.

« Pourquoi une telle agressivité envers la présidente », demandai-je plusieurs fois à mes avocats ?
« Elle est contre nous », me répondent-ils invariablement.

J'avoue que je comprends mal cette explication. Je pensais qu'un président de Cour d'Assises était d'une impartialité à toute épreuve, qu'il n'affichait jamais ses sentiments personnels devant les jurés, qu'un accusé pouvait lui faire confiance. Ce n'est pas, semble-t-il, l'avis de la plupart des avocats qui fréquentent les prétoires. En effet, le président, par sa façon de mener les débats, par la manière de présenter les faits, par le ton qu'il emploie lorsqu'il s'adresse à l'accusé, peut laisser apparaître aux jurés son sentiment sur l'affaire. Et puis il est présent au milieu de ceux-ci au moment de la délibération. Il peut répondre à leurs questions, ajouter une précision. Bref, les avocats de la défense connaissent la plupart des présidents de Cour et ont eu l'occasion de les juger. Les miens considéraient cette présidente comme étant "contre nous", donc n'ayant pas l'objectivité, l'impartialité indispensable à la tenue d'un procès équitable.

Je ne pouvais que leur faire confiance et espérer comme eux qu'un changement de président me serait favorable. Pourtant, certains amis dans le public qui avaient assisté aux différentes escarmouches me diront ensuite que cette agressivité de la défense avait nui à mon image et avait pu influencer négativement la suite du procès.

6 avril 2009

Lundi 6 avril 2009, je me trouve à nouveau devant la Cour d'Assises des Alpes-Maritimes, à Nice. Monsieur B., le pseudo-complice, est à mes côtés. Le procès repart à zéro avec une nouvelle présidente, madame Anne Second.

J'ai le souvenir de six journées horribles de 7 heures du matin au soir très tard. Peu de sommeil. Je suis obligé de m'entendre reprocher des gestes monstrueux sur mon petit-fils. Je suis effondré de constater avec quelle assurance, Gabriel, ce jeune homme de 18 ans maintenant, fait des déclarations mensongères. Il parle de sa souffrance, de sa douleur. *"Ça ne s'invente pas"* ose-t-il déclarer ! Ce propos fera le titre de Nice-Matin et de l'émission de France 3. Il est parfaitement encouragé, conseillé par son avocat, ses parents, ses grands-parents. Lorsque je montre sur un écran de télévision les vidéos de ses vacances à la villa, où l'on peut constater un enfant gai, rieur, chahuteur, le plus souvent entouré de petits copains, jouant ou se baignant avec moi dans la piscine, il part en courant hors de la salle d'audience. Comment interpréter cette fuite ? A-t-il craint que l'évidence de ses mensonges apparaisse sur ces films ? Son départ précipité et son absence de la salle d'audience distraient les jurés qui prêtent peu d'attention aux séjours filmés de Gabriel à la villa à Vence.

Me Dupond-Moretti interpelle les deux praticiennes de la cellule de maltraitance de Reims, les docteurs Dulière et Digeon. Il leur demande pourquoi elles se déclarent expertes en matière d'allégations d'abus sexuel sur des enfants. La réponse n'est pas convaincante. En matière de maltraitance infantile, beaucoup de praticiens hospitaliers semblent se proclamer experts sans justification de leur compétence par des diplômes, des études, des publications. Le docteur Ritter, sollicité par le Juge Coutton de faire une expertise de Gabriel, avait eu l'honnêteté de reconnaître qu'il ne se sentait pas capable de faire un tel rapport. Devant la Cour d'Appel de Lyon, quelques années plus tard, il fit un geste signifiant qu'il n'avait jamais examiné un seul cas de sodomie sur un petit garçon de cet âge.

Le docteur Delcourt, psychiatre, est interrogé par nos avocats au cours de l'audience par visioconférence. Me Eric Dupond-Moretti lui demande : *« Saviez-vous, au moment de l'examen, que Gabriel avait décrit un nouveau scénario avec un deuxième homme qui l'emmenait dans une villa... »*

« Non, je ne le savais pas », répond le psychiatre.

« Si vous aviez eu connaissance de ces nouveaux éléments, est-ce que votre rapport aurait été le même ? » Le psychiatre réfléchit un moment et répond : *« Non, je ne pense pas. »* Ainsi, selon le niveau de connaissance d'un dossier, le rapport d'expertise psychologique peut varier complètement, être à charge ou à décharge. Les deux praticiens, pensant que les faits étaient établis et l'agresseur clairement identifié, ont interprété tout l'examen et les tests en fonction de ces données.

Me Dupond-Moretti amuse le public.

L'avocat montre à tous les psys et au public dans la salle, la feuille de papier sur laquelle Gabriel a tracé des traits dans tous les sens et une autre feuille percée de plusieurs trous de crayon. *Est-ce que cela vous évoque quelque chose*, demande-t-il ? Toute la salle suit des yeux l'avocat avec attention.

Je vais vous le dire : *« Ça, c'est le dessin d'un anus ! Et ça, c'est un signe qui symbolise une pénétration anale. »* Tout le monde sourit, un moment de détente dans la salle.

Me Dupond-Moretti se rassoit, satisfait de l'effet obtenu. Par delà le côté risible de cette interprétation fort imaginative, on peut mesurer le peu de valeur de tels diagnostics psychologiques. On n'est plus dans la surinterprétation, mais carrément dans le délire !

Me Dupond-Moretti annonce le verdict !

Un autre psychologue, apprenant que Gabriel avait dénoncé un complice, ce qu'il ne savait pas au moment de l'examen, va s'en tirer en faisant appel à ce qu'il baptise le "mécanisme additionnel". Il explique qu'un enfant qui a été agressé sexuellement, désigne, selon lui, d'abord son agresseur et par la suite dénonce d'autres coupables complètement inventés. Il additionne les agresseurs, mais seul le premier est vrai. Les autres relèvent de son imagination. Me Dupond-Moretti se lève d'un bond et d'une voix tonitruante l'interpelle : *« Ça y est, vous avez fait le verdict. Plus la peine de délibération. Iacono est coupable, Monsieur B. est innocent ! C'est manifestement ce qui était prévu ! »* L'avocat a vu juste. Gabriel ne va pas oublier ce psychologue et son mécanisme additionnel. C'est la première fois qu'on lui donne la possibilité de revenir sur ses accusations sans qu'il soit catalogué " menteur". Il va en profiter.

Gabriel se sert du psychologue

Aussi, lorsque la présidente vers la fin du procès lui demande s'il a quelque chose à ajouter, Gabriel hésite un moment puis il dit : *« Pour M. B., peut-être que j'ai inventé, comme le dit le psy-chologue... un truc additionnel. S'il le dit, ça peut être vrai, moi, je sais pas... »* Un grand silence dans le prétoire. Les avocats n'osent pas intervenir. Nous retenons notre souffle. Tous les regards sont tournés vers Gabriel qui se sent mal à l'aise mais reprend et confirme en attribuant la responsabilité à l'expert qui a parlé de mécanisme additionnel. La présidente annonce " suspension de séance ! " Les avocats du pseudo-complice ont le sourire. **Gabriel s'est rétracté. Cc sera la première fois.**

Il nous avouera, quelques années plus tard, lorsque l'affaire sera terminée : *« Au moment où je disais cela pour le complice, j'allais dire que c'était la même chose pour mon grand-père, que j'avais peut-être rêvé ou inventé puisque le psychologue le disait. Mais la présidente a levé la séance et ensuite je n'ai plus eu le courage. »*

LE VERDICT- NOUVELLE
INCARCÉRATION

LA CONDAMNATION

Me Dupond-Moretti avait raison ; le verdict est conforme aux déclarations du psychologue, auteur de sa théorie personnelle du mécanisme additionnel. On peut mesurer, une nouvelle fois, l'importance que les juges et les jurés attachent aux rapports des psychologues dans ce type d'affaires. C'est l'un des problèmes majeurs dans ces procès basés sur la crédibilité de la parole d'un enfant.

Par une majorité supérieure à 8 voix, Christian Iacono est reconnu coupable de viol et d'attouchements sexuels sur son petit-fils Gabriel et est condamné à 9 ans de réclusion.

Monsieur B. n'a pas été reconnu coupable des charges portées contre lui et est donc acquitté.

D'une voix calme, la Présidente de la Cour d'Assises de Nice, Mme Segond, vient de lire le verdict.

Il est 1 h du matin environ. Nous sommes le dimanche 12 avril 2009.

Je ne bouge pas, sidéré, ne réalisant pas, ne comprenant pas sur le moment que l'impensable, l'incroyable vient de se produire. Au terme de six jours d'audience épuisants, la Cour d'Assises de Nice me condamne pour des faits qui ne se sont jamais produits, pour des gestes que je serais bien incapable de faire ou même d'imaginer.

Je me retourne vers le fond de la salle. En haut des gradins, les amis sont là, immobiles, comme pétrifiés, le regard incrédule.

J'entends un *" Non ! "* à la fois exclamatif et interrogatif, comme *"Non, ce n'est pas possible ! "* Eh bien oui, c'est possible, me voilà condamné.

J'accroche le regard de ma femme et de ma fille. Je leur fais un triste sourire. Je devine leurs larmes, contenues avec peine. Me Dupond-Moretti se tient juste derrière moi avec son imposante stature. On se regarde tristement. Je me colle à lui un instant comme pour chercher une ultime protection en lui disant : *« Maître, j'en ai assez, je n'en peux plus, je vous en prie ! »* Il me glisse rapidement à l'oreille : *« On va faire appel, ne vous inquiétez pas, et demandez votre mise en liberté dès votre entrée à la Maison d'Arrêt. »*

Très vite, les policiers m'encadrent et me poussent avec ménagement hors de la salle. J'obéis comme dans un mauvais rêve, sans réaction. Ils me font entrer dans une petite pièce meublée d'une table et d'une chaise. Je m'assois, m'appuie sur la table, la tête entre les mains. Je voudrais pleurer, mais mes yeux restent secs. Je vais retourner en prison. *" 9 ans après, je vais retourner en prison ! "* Cela trotte dans ma tête. Je suis effondré. J'ai envie de disparaître, je vis un cauchemar, ce n'est pas possible, je vais me réveiller. Un policier entre et me dit : *« Votre femme et votre fille ont l'autorisation de la présidente, elles vont venir vous voir »*. Elles entrent toutes les deux, accompagnées de mon frère. On tombe dans les bras les uns des autres, on se serre, on s'embrasse. Un peu de chaleur humaine avant cette séparation. Ma fille pleure et répète comme une litanie : *« Papa, je ne veux pas qu'on te mette en prison ! »*

Mon épouse, elle, a déjà réagi. *« Ne t'inquiète pas,* me dit-elle*, dans quinze jours tu seras à la maison. Il faut tout de suite faire une demande de mise en liberté »*.

Les policiers mettent fin à cette scène. Ma femme et ma fille sortent en me faisant un dernier sourire, un peu forcé. *« Courage ! »* me disent-elles. Du courage, je n'en ai plus beaucoup, et c'est passivement, comme un automate, que je vais suivre les policiers qui me menottent et me conduisent dans une fourgonnette complètement opaque. Je me souviens d'une femme policière tenant une lampe électrique, debout à mes côtés et me surveillant pendant tout le trajet. La sirène est en marche. Le fourgon cahote dans les rues autour du palais. Puis un arrêt assez long, un second arrêt plus court. J'entends des portes s'ouvrir. Le fourgon fait une marche arrière. Le moteur est coupé. Des bruits de pas, la porte arrière s'ouvre, on me fait descendre dans une petite cour. Je suis entouré par des gardiens de prison. Un couloir étroit et on m'enferme dans une petite pièce fermée par des barreaux. À côté, policiers et personnel pénitentiaire bavardent, échangent des papiers.

Puis les policiers s'en vont. Pour eux, l'affaire est terminée. Ils vont pouvoir aller dormir, le devoir accompli. Et moi, je me sens tellement seul dans cette espèce de cage, comme un rat dans une souricière, derrière ces barreaux.

Un surveillant me demande de me déshabiller. J'obéis. Fouille complète. Saisie de mon téléphone portable, de ma montre, de mon portefeuille. Il en fait l'inventaire : les cartes, le permis de conduire, l'argent. Je n'ai qu'une vingtaine d'euros, mais beaucoup de petite monnaie. Le surveillant compte et recompte toutes ces petites pièces de monnaie. C'est long. Je n'en peux plus, debout, assistant, indifférent, à toutes ces formalités. On me prend mes empreintes digitales, puis on me fait une photo d'identité, avec une pancarte tenue à la main. Cela va-t-il finir ?

Je ne sais plus l'heure, mais je n'ai plus qu'une pensée : un lit pour m'y effondrer et sombrer dans un sommeil sans fin. Il me faut encore passer à la "fouille", prendre un matelas, un drap, une couverture, un sac contenant quelques objets de base. J'obéis machinalement, je ne dis mot. On me conduit sous escorte vers une des cellules du rez-de-chaussée. Elles sont bien alignées, comme on le voit dans les films. L'espace central est surmonté d'un filet. Au-dessus, on aperçoit deux ou trois étages pareillement alignés. Tout est silencieux. La vue de toutes ces cellules me donne la nausée. J'essaie de ne pas voir, de ne pas penser. Mais pourquoi suis-je là ? Il n'y a donc rien à faire contre une justice qui a décidé de vous condamner. Alors, autant mourir tout de suite !

On m'ouvre une cellule, la porte se referme dans un grand bruit de verrou. Me voilà seul. Je fais mon lit rapidement, et je me jette tout habillé, en costume, priant le ciel de m'endormir pour un long, long sommeil, un sommeil sans réveil. Je me blottis sous le drap, me recroqueville en position fœtale. Comme j'aimerais à nouveau être dans le ventre maternel ! Je me sens sans force, incapable de vaincre le mensonge et l'injustice. Je ne suis qu'un homme… pitié mon Dieu !

LE CRI

Elle est bien toujours là, menaçante, la Machine qui s'est mise en route le 10 juillet 2000. Elle n'avance pas vite, mais elle ne dévie pas d'un pouce.

On ne distingue pas bien le pilote qui la dirige. A-t-il des yeux, des oreilles, un cœur ? On ne sait.

La Machine semble sourde, aveugle, insensible, indifférente à la matière humaine.

Alors un cri monte en moi, un cri de souffrance, un cri de colère, ce cri qui ne franchit jamais la cellule du détenu, celui qui ne peut sortir de la gorge que la corde serre.

Que ce cri s'échappe de ces quelques pages et qu'il aille fissurer les carapaces d'indifférence et d'inhumanité, comme l'enfant dans le Tambour, qui, de son cri, faisait éclater les verres de cristal.

Qu'il s'amplifie, relié par le cri de tous ceux qui souffrent en silence de la Machine.

Qu'il fasse vibrer le cœur des justes et réchauffe celui des innocents injustement salis.

Qu'il arrive enfin, après avoir longtemps erré, adouci et mélodieux, près de la cathédrale de Reims.

Ce jour-là, un petit garçon aux yeux bleus lèvera la tête, étonné d'entendre un cri qui n'est ni de colère ni de souffrance, mais qui ressemble à une douce mélodie.

Le cri sera devenu enfin une chanson d'amour qui l'accompagnera pour le reste de ses jours.

À L'ISOLEMENT

À peine quelques heures de sommeil, et c'est le réveil : la porte s'ouvre bruyamment. Mon petit déjeuner est là : deux biscottes, un peu de confiture, un petit sachet de Ricoré. Je n'ai pas faim. Je ne pourrais rien avaler. Je reste au lit. Mon esprit bouillonne. J'envisage tous les scénarios possibles. Si je faisais la grève de la faim ? En aurais-je le courage ? Et cela servirait à quoi ?

Une idée me trotte dans la tête, que je ne peux chasser. Dans quelques mois, je vais être soumis au même traitement : Cour d'Appel, verdict, et s'il confirme le précédent, je vais revivre ce cauchemar sans espoir d'un appel. J'avoue que l'épreuve me paraît à ce moment trop dure, impossible à affronter. Plutôt mourir que de revivre les moments que je suis en train de vivre. Alors que faire ?

Après plusieurs heures de réflexion, je conclus que c'est à mon corps de décider. Et s'il n'a plus envie de rien, je le laisserai mourir. S'il réagit, je lui obéirai. Justement, j'ai très soif, je dois être largement déshydraté. Je bois un bon coup. Ce doit être le premier signe que le corps ne veut pas mourir.

Je ne touche pas au repas de midi. Je jette tout à la poubelle et reste prostré sur ma couchette. Et puis dans l'après-midi, j'aperçois quelques biscuits au chocolat que mes amis m'ont achetés et transmis pendant le délibéré. J'en prends un, puis deux. Je retrouve le plaisir du chocolat. Non, décidément, le corps est encore bien vivant.

Cela me fera penser à ce passage de Camus dans le Mythe de Sisyphe :

" Dans l'attachement d'un homme à sa vie, il y a quelque chose de plus fort que toutes les misères du monde. Le jugement du corps vaut bien celui de l'esprit et le corps recule devant l'anéantissement. "

Lundi matin, j'ai la visite de l'assistante sociale. Très aimable, elle a les paroles qu'il faut pour réconforter. Cela fait du bien. *« Je vais prévenir votre femme et lui dire que tout va bien. »* Je la remercie. Elle me donne quelques feuilles blanches et un stylo à bille. Et puis je suis convoqué à l'infirmerie, au bureau d'entrée. J'entre dans la vie quotidienne de la prison, le cœur serré, mais je m'adapte assez bien et recommence à manger. Ce n'est pas trop mauvais. Par contre, il n'y a pas d'eau chaude dans les cellules, et donc je me contente d'une tasse de Ricoré froid le matin.

J'ai un entretien avec la psychiatre, Béatrice C. Je rencontre le chef du bâtiment. Ils m'encouragent tous deux à ne pas rester isolé et à me mêler aux autres détenus. Je refuse.

Et puis, jeudi, j'ai mon premier parloir avec Jeanine et Cécile. Elles m'accueillent dans cette minuscule pièce avec de grands sourires. *« Tu vas vite sortir, tout le monde s'est mobilisé. En appel il n'y aura aucun problème. »* Et le moral remonte.

L'administration pénitentiaire, après hésitation, m'a placé dans une cellule "isolée" dans le quartier disciplinaire, près des cachots. Il n'y a que deux cellules de ce type. On les surnomme "les grottes", parce qu'il n'y a pas de fenêtre, mais une simple lucarne en haut du mur du fond.

Il n'y a donc aucune vue. Mais les murs sont épais. Je suis seul. J'ai une télévision, des w.-c individuels et un petit frigo (comme dans toutes les autres cellules). Je fais un grand ménage et m'approprie ainsi ce lieu. C'est mon "chez-moi ".

Six mois après, je suis toujours dans la même cellule, isolé, mais je fais mes promenades avec un autre isolé, Bernard. Il pensait naïvement que le procès en appel serait une formalité et qu'il en sortirait blanchi. Et le voilà condamné définitivement pour de longues années.

Cela m'aide à ne pas verser dans un optimisme béat sur le résultat de la Cour d'Appel.

Ma vie s'est peu à peu organisée. Lever le matin vers six heures trente ; petit déjeuner avec un bol de Ricoré et des biscottes. Douche individuelle "brûlante" tous les deux jours le matin entre 8 h et 9 h 30, selon les disponibilités du surveillant responsable. Parloir le mardi, jeudi et vendredi matin à 9 heures.

Visite des avocats une fois ou deux par semaine. Promenades matin et soir, dans une petite cour entourée de murs de 5 mètres de haut avec des barreaux en guise de plafond. Surveillance par une caméra. Pas de gardien. Leur durée est variable, 2 heures en moyenne. Commandes de cantine le jeudi matin.

Je deviens un détenu modèle, docile, obéissant. On me dit, on m'écrit que je suis fort, qu'on admire ma résistance, mais je m'interroge souvent : *"S'adapter au milieu carcéral, est-ce de la résistance, du courage, ou de la passivité, de la soumission, de la faiblesse ?"* Je me pose la question et la pose à ma psy.

Celle-ci me rassure en affirmant que c'est la solution intelligente. Lorsque l'obstacle est inébranlable, il ne faut pas se fracasser dessus, mais s'adapter en essayant de le contourner patiemment. Je lis plusieurs livres de philosophie et les "sages" me donnent le même conseil. Alors, continuons !

LES REACTIONS A VENCE

Ma condamnation déclenche une véritable effervescence dans la ville de Vence. Tous les acteurs de la vie municipale se réveillent, s'envoient des invectives par communiqués à Nice-Matin. Bien sûr, les opposants, les vaincus de la dernière élection, sautent sur l'occasion pour demander ma démission.

Mon premier adjoint me remplace au pied levé et toute mon équipe le suit courageusement.

Le député de la circonscription, Lionnel Luca, stigmatise sur Nice-Matin *"de médiocres calculs politiciens dans un drame familial effroyable qui mérite la compassion et le silence. La précipitation de certains à vouloir à tout prix en tirer un profit politique est particulièrement indécente et leurs propos écœurants. "*

Le Directeur Général des Services me transmet les documents Mairie les plus importants (le budget, les études sur le PLU...). Après les avoir examinés soigneusement en cellule, je rédige ensuite quelques commentaires que je communique au premier adjoint.

Mais cela ne pourra durer bien longtemps. Ma situation risque à terme d'handicaper le bon fonctionnement des services. Alors que faire ? Démissionner ou attendre le résultat de ma demande de mise en liberté faite auprès de la Cour d'Appel d'Aix ? Je décide d'attendre.

REJET DE MES DEMANDES DE MISE EN LIBERTE

Mes avocats m'avaient affirmé, immédiatement après l'énoncé du verdict, que je serais remis en liberté rapidement, à la suite de l'appel auprès de la Cour d'Aix. Les plus optimistes avaient avancé : « *Dans 15 jours, vous serez à la maison* » et pour moi il était sous-entendu « *à la Mairie aussi* ».

Mais l'administration judiciaire n'est pas aussi réactive que le prédisaient mes défenseurs. Ainsi, je ne suis convoqué par la Chambre d'Instruction d'Aix pour examiner ma première demande de mise en liberté que le 19 mai 2009.

J'attends patiemment ce jour et me prépare moralement, car je sais que ce sera une dure journée. J'ai vécu ces moments plusieurs fois en été 2000.

C'est le cœur plein d'espoir que je suis amené à Aix dans un petit véhicule de la Gendarmerie. Mon escorte est composée d'un gendarme et de deux gendarmettes. Ils sont parfaits, humains, prévenants. Ils me conduisent menotté dans une petite cellule individuelle du sous-sol du Palais de Justice d'Aix pour attendre patiemment l'heure de l'audience.

Vers 14 heures, les gendarmes viennent me chercher et me font entrer dans la salle d'audience. Ils m'ôtent les menottes. Mes avocats viennent vers moi et me serrent la main ; j'aperçois mon épouse et une amie assises sur une rangée du fond. Elles me font un petit sourire. Elles semblent encore plus tendues que moi. J'entends une fois encore l'acte d'accusation, puis la plaidoirie de l'avocat général qui demande avec force mon maintien en détention. Puis mes avocats plaident, faisant remarquer que, l'enfant étant partiellement revenu sur ses accusations, le pseudo-complice ayant été acquitté, le procès en appel serait bien différent du premier, qu'il fallait respecter la présomption d'innocence, que j'avais toujours respecté le contrôle judiciaire... Pour terminer, la présidente me donne la parole. Je répète ce que je dis depuis près de 10 ans, que je suis complètement innocent, que je n'ai jamais touché ni eu envie de toucher un enfant sur le plan sexuel, que j'ai eu tant d'occasions de m'enfuir pendant toutes ces années, que je ne l'ai pas fait, que ce n'est pas maintenant que je le ferais, ayant à cœur avant tout de sauver mon honneur. Je finis tout ému, vidé, au bord des larmes. Je reprends la route de Nice sous escorte. Pendant tout le trajet, j'imagine tous les scénarios. Si la Cour délibère favorablement, mes proches savent peut-être déjà la bonne nouvelle. Ils s'apprêtent à venir me cueillir à la Maison d'Arrêt de Nice. Je vais les trouver devant l'entrée. Hélas, personne ne m'attend. Le portail se referme derrière le véhicule de la Gendarmerie. Au bureau des entrées, au moment de récupérer mes papiers, je demande avec hésitation s'ils ont reçu des nouvelles d'Aix. Une jeune fille me répond qu'elle n'en a pas, mais que c'est souvent tardivement que le délibéré arrive. *« Dans ce cas,* lui dis-je, *le bureau est alors fermé. Est-ce que le détenu doit attendre le lendemain pour être libéré ? » « Non, dans ce cas on appelle chez moi et je viens »,* dit-elle avec un profond soupir.

REVOCATION OU DEMISSION

Le refus de ma mise en liberté relance l'effervescence municipale.

Les membres du Parti socialiste déclarent sur Nice-Matin : *« Il est de l'intérêt de Vence et des Vençois que Christian Iacono prenne ses responsabilités et démissionne de son mandat de maire. »*

Anne Sattonnet, conseillère générale et présidente de mon comité de soutien, partage cet avis et l'exprime dans la presse locale. *« Aujourd'hui, dans ces circonstances nouvelles, son honneur de maire et de responsable politique devrait, je crois, le conduire à remettre son fauteuil de premier magistrat au conseil municipal, dans l'intérêt de sa ville. »*

Peu de temps après, nous apprenons que le Préfet a entamé une procédure de révocation. Il a ouvert un dossier, transmis pour instruction au Ministère de l'Intérieur qui le présentera au Conseil des Ministres, seul habilité par la loi à prononcer la révocation.

Mon épouse proteste sur Nice-Matin : *« Mon mari n'a pas l'intention de quitter son fauteuil, n'ayant rien à se reprocher. »*

Me Baudoux rappelle : *« Mon client qui a fait appel de sa condamnation est présumé innocent. La démarche préfectorale fait fi de cette présomption. Christian Iacono n'est pas incarcéré pour un détournement de fonds dans le cadre municipal, mais pour un grief d'ordre privé. »*

Toute cette agitation me perturbe malgré les paroles de réconfort de mon épouse au parloir. Elle m'encourage à tenir, à ne pas céder aux pressions diverses. Elle est elle-même très sollicitée pour me convaincre de démisionner. Le sous-préfet de Grasse lui a téléphoné personnellement. Un ancien préfet a fait de même. Tous lui affirment qu'il vaut mieux démissionner qu'être révoqué, que je retrouverai rapidement mon fauteuil de Maire si je suis acquitté par la Cour d'Appel.

Je n'ai presque plus de contact avec la Mairie. Je me sens seul, un peu abandonné par mes colistiers. Je ne sais s'ils souhaitent que je démissionne ou pas.

Mais le Préfet s'impatiente. Et le temps passe. Nous décidons, avec mes avocats, d'attendre la prochaine décision de la Chambre d'Appel concernant ma deuxième demande de mise en liberté. Si elle est rejetée, je démissionnerai.

Ma nouvelle demande est examinée par la Chambre d'Aix le 12 août 2009. Je n'étais pas convoqué et donc je n'y assistai pas. Je suis défendu par mes avocats habituels auxquels s'était joint Me Roméo. Mon épouse était dans le public.

Ce fut encore une fois le rejet. Les motifs de la décision étaient aussi peu convaincants que lors de la première demande : *« En cet état, les obligations d'un contrôle judiciaire, si strictes soient-elles, ne suffisent pas à remplir les objectifs d'apaisement du trouble à l'ordre public ni de garantie de la sincérité des débats. »*

J'aurais pu rappeler à la Chambre qu'il n'y avait eu aucun trouble à l'ordre public pendant les 9 ans d'instruction, que ma réélection s'était faite de façon normale, que l'enfant était maintenant un adulte demeurant à 1000 kms de Vence.

Mais la décision est prise. Je reste privé de liberté.

Dès le lendemain, je fais une lettre au Préfet pour lui présenter ma démission qu'il s'empresse, bien sûr, d'accepter. Mon premier adjoint est élu un mois plus tard Maire de Vence par le Conseil Municipal, malgré diverses manœuvres de l'opposition qui souhaitait une nouvelle élection au suffrage universel. Je ne suis plus Maire de Vence, ni vice-président de la Métropole niçoise, ni administrateur du SDIS. Je ne perçois plus d'indemnités. Je suis redevenu simple conseiller municipal, condamné en première instance à 9 ans de réclusion. Je n'ai pas encore touché le fond mais je n'en suis pas loin.

L'OPÉRATION DE LA PROSTATE

Août - Septembre 2011

Je connaissais depuis des années mon problème prostatique : un adénome d'assez gros volume qui gênait le fonctionnement de ma vessie. Cela devint intolérable pendant les journées d'audience du procès et j'étais bien décidé à me faire opérer dans le courant de l'été 2009 par un collègue chirurgien dans une clinique privée. Je n'imagineais pas un seul instant que je serais alors en détention à la Maison d'Arrêt de Nice.

Quelque temps après mon incarcération, je fais un début de rétention urinaire aiguë. La vessie reste bloquée pendant de longues minutes, déclenchant une vive douleur abdominale. Je le signale au médecin de la maison d'arrêt, Mme Carbonnel. Celle-ci m'examine et décide de m'envoyer en consultation dans le service du Professeur Amiel à l'Hôpital Pasteur, tout proche de la Maison d'Arrêt.

Je m'engageais là dans un processus dont je ne soupçonnais pas la complexité.

Le jour de la consultation, je suis averti par un gardien quelques minutes seulement avant de partir. Si j'ai un parloir avec mon épouse ou des proches, qui ont fait l'effort de se lever à 5 heures du matin et ont conduit des kilomètres pour être à l'heure, ils n'auront plus qu'à retourner chez eux. Le parloir est supprimé.

Après la fouille habituelle, deux surveillants de l'administration pénitentiaire me font asseoir dans un fourgon. Ils me menottent et placent des entraves à mes chevilles. Autant dire qu'arrivé dans le service d'urologie avec ces deux surveillants en tenue réglementaire, armés jusqu'aux dents, encadrant un homme aux cheveux blancs, à la démarche hésitante, parfois titubante, le trio

166

se fait remarquer. « *Qui est-ce ?* » semblent dire les regards des infirmières et des patients assis dans les salles d'attente. Un personnage sûrement dangereux ? Un grand délinquant ?

Enfin, on me fait entrer dans le bureau du Professeur, m'enlevant aux regards un peu inquiets des malades qui attendent. Je me détends un peu. J'espère que mes anges gardiens vont me laisser un moment seul avec le professeur. On m'apprend que ce n'est pas le réglement et donc il n'y aura aucun respect de la confidentialité de l'échange médecin-malade. Cela me paraît contraire aux règles de l'éthique. Mas c'est ainsi. Il faut que je m'y fasse. Pendant les examens, comme l'échographie, ou les ponctions biopsiques, mes deux anges gardiens seront là, dans la salle, en tenue chirurgicale quelquefois, entendant tous les commentaires de l'équipe médicale !

Je parle à mon avocat de ces modalités d'extraction que je trouve excessives, ainsi que du non- respect du secret médical. Il me fournit quelques documents officiels. En en prenant connaissance, j**e constate que j'ai eu droit au niveau de surveillance 3, celui appliqué aux individus particulièrement dangereux. Je suis devenu un individu de 74 ans dangereux !**

Quant à la confidentialité qui n'est pas respectée alors que c'est un principe de base, inscrit dans les droits de tout détenu par la Cour Européenne, l'établissement pénitentiaire a tourné la difficulté en faisant prendre l'engagement à l'escorte (!) de respecter le secret médical. Est-ce bien sérieux ? L'escorte est composée de deux surveillants et d'un chauffeur. Si l'on tient compte du roulement du service, des congés... c'est environ 10 ou 12 personnes qui se seraient engagées à respecter le secret médical. Il me semble que le secret intime d'un détenu ne peut être préservé que par un avocat, un médecin assermenté, ou un prêtre. **Cette notion est complètement bafouée.**

Le professeur Amiel, après examen clinique, échographique et anatomique, me conseille l'intervention : une adénectomie transvésicale.

Il programme l'intervention pour le 25 août 2009. J'accepte tout en espérant secrètement avoir, à cette date, retrouvé la liberté. Malheureusement, le 12 août, la Chambre d'Aix rejette pour la deuxième fois ma demande et je reste dans ma petite grotte niçoise.

Le lundi 24 août 2009 à 14 h 30, je suis extrait et confié à la Police Nationale pour être transféré dans le Service d'Urologie de l'Hôpital Pasteur et surveillé pendant toute la durée de mon hospitalisation.

Prévenu à peine quelques minutes avant le transfert, je demande si je dois emporter quelques affaires personnelles, de toilette, d'hygiène... Le surveillant me répond affirmativement et je place donc celles-ci dans un petit sac plastique. Le policier national responsable de l'escorte regarde le contenu du sac et refuse de l'emmener. *« Vous trouverez tout cela là-bas »,* dit-il. Je laisse donc mon sac et mes affaires de toilette.

Les policiers me menottent, les mains dans le dos : *« C'est comme cela chez nous »* me répondent- ils lorsque je leur demande : *« Pourquoi dans le dos ? »*

On me conduit dans une chambre de l'hôpital. Je constate qu'il n'y a aucune affaire de toilette (brosse à dents, dentifrice, peigne...) Je le dis aux policiers qui m'escortent, ils n'en ont cure.

Les infirmières du service me préparent pour l'intervention : rasage, douche à la Bétadine...

Le lendemain matin 8 heures, je suis dirigé en brancard vers le bloc opératoire. L'infirmière responsable du bloc me pose quelques questions avant l'anesthésie. L'une d'entre elles est : *« Vous êtes-vous brossé les dents ce matin ? »* Je lui réponds :

« *Non, puisque je n'ai pas de brosse à dents* », « *C'est pas bien !* » me dit-elle. Intervention. Salle de réveil et retour dans la chambre vers 17 heures.

J'ai une perfusion intraveineuse au bras gauche, une sonde vésicale avec ballonnet reliée à deux flacons de sérum de deux litres chacun, et un drain de Redon qui sort de la cicatrice abdominale et recueille le sang dans un flacon posé au sol. Je ne suis pas à l'aise. Le ballonnet dans la vessie est douloureux. Je peux à peine bouger, me tourner sur le côté est un supplice. Malgré cet état, le policier de surveillance me menotte le poignet gauche au montant du lit. Mesure de sécurité combien inutile ! Si je pouvais me lever, ce dont je suis incapable, il faudrait que j'entraîne avec mon bras gauche la potence de perfusion avec son flacon, qu'avec ma verge, je tire une autre potence qui supporte deux flacons de deux litres chacun, que je traîne avec moi deux bocaux posés au sol. En outre, deux policiers sont là en permanence, 24 heures sur 24, tantôt à l'entrée de la chambre, tantôt dans la chambre même, affalés dans deux fauteuils plaqués contre le lit et n'ayant rien d'autre à faire qu'à me surveiller.

Il m'arrive de penser quelquefois à tout ce que cela coûte à la société. Si la Chambre d'Aix m'avait accordé la liberté, quelle économie aurait pu faire le service de la Police Nationale de Nice ! Je me serais fait opérer par des confrères dans une des cliniques privées dans lesquelles j'ai longuement pratiqué.

Jeudi, ma femme, après de nombreux appels téléphoniques, obtient l'autorisation de visite. Elle arrive en milieu d'après-midi, me découvre avec une barbe de quatre jours. Je lui explique que je n'ai aucune affaire de toilette. Elle trouve cela anormal.

À 20 heures, le Directeur de la Maison d'Arrêt en personne entre dans ma chambre et me donne le kit standard d'hygiène fourni habituellement à tout détenu entrant !

Me voilà dans cette chambre pour quelques jours. Je suis surveillé par des policiers qui effectuent deux par deux une rotation : 5 h - 13 h, 13 h - 21 h, 21 h - 5 h. Certains s'installent à l'entrée de la chambre, en partie dans le couloir, d'autres prennent place dans la chambre même, en utilisant deux fauteuils.

N'ayant rien à faire, ils regardent la télévision sur le poste de la chambre le soir entre 20 h et 23 h. Et certains continuent à regarder les programmes toute la nuit, le son diminué. La lueur de l'écran ne facilite pas un sommeil que j'ai déjà bien du mal à trouver. D'autres utilisent leur ordinateur portable pour visionner un film téléchargé.

Quant à moi, je suis en permanence, sauf exception, menotté au poignet gauche, l'autre menotte étant fixée à une barre latérale du lit.

À partir du vendredi, je fais moi même ma toilette (comme je peux) assis sur une chaise avec tous les flacons autour de moi. La salle des toilettes est complètement fermée sans fenêtre. Il n'y a aucune ouverture autre que l'évacuation des w.-c. Difficile de m'échapper par là, avec tous mes flacons et sondes. Les policiers me laissent donc fermer la porte lorsque je suis assis sur le siège des w.-c.

Le lundi matin, 31 août, donc une semaine après mon entrée, je suis allongé sur mon lit, menotté à la barre latérale. Deux policiers sont dans la chambre sur des fauteuils. Arrivent deux de leurs collègues avec un sac de provisions contenant des sandwichs. Ils commencent à manger et pendant plus d'une heure, sans jamais se préoccuper de moi ni de la gêne qu'ils me procurent, se mettent à raconter toutes les histoires du service, à haute, même très haute voix, ponctuée de très grands éclats de rire. On se croirait dans le vestiaire d'un commissariat après le service et non dans la chambre d'un opéré récent.

Le lendemain matin, après une nuit agitée, je me réveille vers 7 h 30. Sur les fauteuils, à mes côtés, deux policiers sont vautrés (je crois qu'ils faisaient partie du groupe des quatre de la veille). Je leur dis bonjour, un seul me répond. L'autre saisit la télécommande et commence à zapper parmi les 20 chaînes de télé. Il appelle un infirmier de salle, et lui demande de modifier la climatisation. Je proteste, parce que j'avais eu du mal à la faire régler et que je suis particulièrement sensible au froid. Après mon petit-déjeuner, je leur demande de me détacher pour aller faire ma toilette et aller aux w.-c. Celui qui zappait la télé et qui avait été le boute-en-train du groupe des 4 la veille, se précipite et me dit : *« Il n'est pas question de fermer la porte de communication avec les toilettes. »*

Je réponds : *« Je ne fais que la pousser, elle n'est pas verrouillée, il n'y a aucune ouverture dans la pièce des toilettes. »*

— *Non, pas question, c'est le règlement,* me réplique-t-il d'un ton sec.

— *C'est pourtant ce que vos collègues ont fait depuis une semaine et je suis étonné que cela devienne interdit le dernier jour de mon hospitalisation.*

— *Les autres font ce qu'ils veulent, moi j'applique le règlement... et de toute façon nous ne sommes pas là pour vous bichonner. »*

Je lui demande ce qu'il entend par "bichonner".

« Vous comprenez, un séjour à l'hôpital, ce n'est pas un moment où l'on doit s'occuper de vous. »

Je réponds que je n'ai jamais rien demandé aux policiers, que j'ai accepté tous les menottages, les "nuits télé et les nuits ordinateur ", les casse-croûtes saucisson à quatre dans ma chambre, que je n'ai rien dit de tout cela lorsque leur commandant m'a rendu visite la veille dans la soirée.

Je renonce à satisfaire à mes besoins et retourne aussitôt dans mon lit.

Il me menotte à nouveau sans broncher. À 13 heures, changement d'escorte. Arrive une équipe mixte dirigée par une jeune femme. Le policier qui s'est montré si rigoureux sur le règlement quand il s'agit de moi, et si tolérant quand il s'agit de lui, l'appelle dans le couloir et lui fait manifestement ses recommandations. Et dès que je demande à cette jeune femme d'aller aux w.-c, elle me signifie que la porte sera entrouverte et elle place immédiatement son pied entre la porte et le chambranle. Le besoin étant impérieux, je décide de passer outre le principe. Je me déculotte, je pose mes fesses sur le siège, à quelques centimètres de la porte entrebâillée tenue solidement par la jeune policière.

J'avoue que malgré quelques efforts, je ne peux satisfaire ce besoin naturel. Je retourne me coucher.

Le lendemain matin, une équipe nouvelle arrive, plus compréhensive et moins à cheval sur le règlement, et le problème intestinal est réglé simplement, normalement, rapidement.

En dehors de ces deux incidents dont sont responsables essentiellement, un policier et une policière, ceux du mardi, je n'ai eu aucun problème avec les autres policiers chargés de ma surveillance. Ils ne m'ont pas "bichonné", ils ont suivi le règlement avec humanité.

LA LIBERTE A NOUVEAU

Malgré les deux échecs précédents, nous décidons de tenter une troisième demande de mise en liberté. Nous sommes un peu à court d'arguments. Quelles raisons nouvelles pour justifier cette demande après le rejet des deux autres ? Le seul élément nouveau était ma démission de mon mandat de Maire. Ce n'était pas un argument que l'on pouvait avancer, bien entendu. Il était impensable que la Justice, si fière et si jalouse de son indépendance, vienne s'immiscer dans la sphère "politique". Quoi qu'il en soit, il fallait se battre, et toujours se battre, même si l'espoir faiblissait, jour après jour, de me retrouver en liberté avant la prochaine audience en Cour d'Assises. Et je n'avais pas d'autre moyen de me battre que de solliciter inlassablement ma demande de mise en liberté.

Je suis convoqué à Aix le 13 octobre. Je fais à nouveau le trajet dans un véhicule de la Gendarmerie, un peu plus important que la fois précédente, car nous étions deux, cette fois-ci, à aller devant la Chambre d'Appel. Il y a une femme détenue et moi, tous deux menottés et escortés par trois gendarmes.

Après la longue attente habituelle dans une petite cellule du sous-sol, je suis amené dans la salle d'audience. Je remarque tout de suite qu'aucun de mes deux ténors du barreau, Me Dupond-Moretti et Me Baudoux, ne sont là. Je suis défendu par deux jeunes avocats, leurs associés, qui viennent me saluer et me réconforter. Ils vont plaider remarquablement bien. L'avocat général, quant à lui, demande comme d'habitude le rejet de notre demande sans ajouter un mot d'explication.

Enfin, c'est mon tour, il faut emporter la décision. Il faut que je me sorte "les tripes". Il faut gagner à tout prix, pour moi, pour ma femme qui n'en peut plus, pour ma fille qui est dans le même état, pour mes petits-enfants qui m'attendent jour après jour,

174

pour ma mère. Il faut gagner. Je plaide, je supplie, j'étale mon cœur. Tant pis pour la pudeur, pour la retenue, tant pis pour l'amour propre. Il faut gagner. Je finis, je suis à bout, comme à la sortie d'un concours de plusieurs heures lorsque j'étais plus jeune.

Le président, un homme déjà âgé, me paraît courtois, humain. Sa voix est faible, mais nous prêtons l'oreille, car nous sentons bien que quelque chose est en train de se produire. Il se tourne vers son premier assesseur et lui chuchote : *« On pourrait demander une caution pour préserver les droits de l'enfant. »* L'assesseur semble approuver, mais à contrecœur, du bout des lèvres. Le président se tourne vers mes avocats et leur répète la même phrase d'une voix à peine audible. Mes avocats ont l'oreille fine et approuvent immédiatement.

Je suis ramené à Nice, l'esprit bouillonnant, l'espoir accroché à cette caution. Est-ce que le président ne va pas changer d'avis ? Combien va-t-il me demander de verser ? Comment trouver une somme importante, après toutes ces dépenses faites pour le procès ? Jeanine va sûrement faire un prêt ? Il faudra encore quelques jours de détention, combien ?

Je retrouve la Maison d'Arrêt de Nice, mes gardiens. On m'interroge : *« Alors, ça s'est bien passé ? »* Je leur dis que j'ai bon espoir parce que le président a parlé de caution. Ils m'enferment à nouveau dans ma cellule et je commence à prendre mon repas du soir, du riz, genre paella. Je mets la télé pour avoir les informations locales sur FR3. À peine quelques minutes plus tard, dans un grand bruit de verrou, la porte s'ouvre, le gardien-chef entre avec un grand sourire : *« Allez, dehors ! »*

Je reste avec ma fourchette en l'air : *« Vrai ? Maintenant ? »*

— Oui, oui, allez ! Rangez- moi tout ça !

Je me lève, je jette le repas du soir à la poubelle. Je ne sais par où commencer l'évacuation de la cellule. J'interpelle le

surveillant : *« J'ai trop de réserves, je voudrais les laisser à mon ami, Bernard. Vous pouvez lui ouvrir la cellule ? »* Il ouvre la cellule voisine et Bernard sort, radieux. Il a compris. Il m'embrasse. Il a l'air aussi heureux que moi, peut-être plus ! Il organise toute l'évacuation de ma cellule. Il récupère toutes mes réserves alimentaires, de la vaisselle. Il prend deux bières sans alcool et les décapsule *: « Allez, on va trinquer à ta liberté. »* On rit comme des enfants. Que la vie peut être belle quelquefois et comme notre bonheur serait complet si Bernard pouvait m'accompagner dehors ! : *« Tu te rends compte, Christian, tu vas retrouver tous les tiens ce soir. C'est trop beau. »*
Nous nous serrons et nous nous embrassons, les yeux pleins de larmes. Il est ramené dans sa cellule pendant que j'essaie de saisir tous les paquets que nous avons préparés ensemble.

Je sais qu'à peine revenu dans sa cellule, Bernard ne put s'empêcher de m'écrire. Il était 19 h 30 et j'étais encore à cette heure dans la cour de la Maison d'Arrêt attendant les miens pour m'emmener vers la liberté. Je l'imagine dans sa cellule, penché sur sa petite table, contenant mal ses larmes, et s'épanchant de sa belle écriture calligraphiée sur ces quelques mots qu'il m'adressait et que je reçus quelques jours plus tard.

« Émotion, bonheur, tout se mélange. Je suis heureux, tellement heureux. Quelle émotion, quel bonheur, par où commencer ?

Merci pour ta gentillesse quotidienne, ta simplicité, ton écoute.

Je suis si fier de te connaître et prie pour la paix de tous les cœurs qui sont en joie ce soir. Toi bien sûr, Madame Iacono, ton épouse, votre fille, les proches et Adrien. Je vous embrasse tous. J'écrirai mieux une autre fois. Ce soir le graphisme traduit une belle émotion. Quel sourire tu avais ce soir ! Je ne l'avais jamais vu si large.

Merci pour tout. Merci d'avoir trinqué avec moi avant de quitter ce lieu de misère. Merci aux surveillants qui nous ont permis de vivre ensemble ce dernier moment ici. Il y en aura d'autres, ailleurs, bien sûr, en liberté, acquittés tous les deux des horreurs nous ayant fait si mal. Que dire de plus ? Que je pleure de joie pour toi et pour vous tous.

Le 13 octobre est béni !

Merci à l'esprit de discernement du Président du Tribunal !

Repose-toi, reposez-vous. Soyez heureux et en avant la vie !

Je vous embrasse tous. Bernard

Je suis certain qu'il n'a pas dû beaucoup dormir cette nuit-là. Il a dû y penser à la liberté, à ces années qu'on lui volait, au triste sort qui l'accablait. Courage Bernard ! En avant la vie ! Comme tu le dis si bien. Elle t'attendra la vie. Nous t'attendrons tous et nous trinquerons le jour venu de notre liberté retrouvée.

RETROUVAILLES FAMILIALES

Nous avons fait tellement vite pour vider ma cellule et faire les paquets à emporter que je me retrouvai derrière le grand portail d'entrée de la Maison d'Arrêt, attendant que l'on vienne me chercher. Jeanine était allée à Aix pour assister à l'audience. Elle avait attendu tout l'après-midi le délibéré. Elle n'arrivera que vers 21 h à Vence.

Ma fille, Cécile, pendue au téléphone toute la journée, apprend la bonne nouvelle vers 18 h 30. Elle part immédiatement de Grasse, prend rapidement ses deux enfants, Adrien et Emma, et se précipite pour venir me chercher à la Maison d'Arrêt de Nice.

Je suis derrière le grand portail avec mes sacs de vêtements divers, de papiers, de souvenirs et je guette leur arrivée sur un petit écran relié à une caméra qui surveille l'entrée de la prison. Je les vois enfin arriver tous les trois, hésitants. Ils s'arrêtent devant le portail. Les portes massives s'ouvrent lentement.

Nous nous regardons, figés, au bord des larmes, ne sachant que faire, que dire. Adrien et Emma sont impressionnés par l'ambiance, les gardiens en uniforme et leur papy qu'ils n'ont plus vu depuis 6 mois, avec tous ses sacs autour de lui. Dans cette pénombre de l'entrée de la prison, devant ces grilles menaçantes, nous n'osons trop y croire : est-ce bien vrai ? Est-ce bien réel ? Ne s'agit-il pas d'un rêve après tant d'attente, tant d'espoirs déçus ?

Bien vite la joie explose, forte et silencieuse, silencieuse parce qu'elle est trop forte et trop emplie d'émotion. Ce sont des embrassades, des caresses. Peu de mots, ils paraissent tellement faibles pour décrire notre joie, notre bonheur retrouvé. Nous allons de nouveau nous voir, nous parler, jouer, vivre ensemble ! Que dire quand la vie vous fait un tel cadeau !

Il avait suffi de quelques mètres, d'un portail à franchir pour retrouver cette chaleur familiale, oublier mes 6 mois de privation de liberté.

Ces petits qui me sautent au cou, qui répètent "papy" pour bien se convaincre qu'il était là, avec eux, leur papy. Je savais combien ils avaient souffert d'être privés de leur grand-père. Je ne pouvais oublier ces lettres touchantes, ces dessins, ces cœurs dessinés, ces gestes : *« La bannière des Fêtes de Pâques, je la garde pour mon papy. » « Nous ne voulons pas des œufs de Pâques dans le jardin cette année tant que papy ne sera pas avec nous. »* C'est pourquoi nous avons cherché les œufs en chocolat dans le jardin au mois d'octobre. Je ne pourrai oublier ces mots d'enfants si touchants : *« Tous les soirs, je fais une prière, mais pour le moment ça ne marche pas, dommage ! »* ou bien *« Des fois, le soir, dans mon lit, je pleure »*. Y a-t-il une cause qui justifie la souffrance affective que l'on fait subir aux enfants, eux qui ne souhaitent que la paix et qui n'attendent que l'amour ? Je ne le pense pas.

JE RETROUVE LA MAIRIE

Après une petite fête, le soir de ma sortie, avec toute ma famille, mes amis et mon équipe municipale, je m'octroie quelques jours de repos.

Je pense, cependant, reprendre rapidement mes activités municipales. Je ne suis plus Maire de Vence, mais je connais bien les dossiers. Je les ai lancés au cours de la première année du mandat. Ils correspondent au programme que j'ai présenté aux Vençois pendant la campagne et qu'ils ont approuvé. N'étant plus obligé d'être présent à toutes les obligations officielles, je vais bénéficier de temps disponible que je vais mettre à la disposition des services municipaux. Et puis, j'ai besoin de sortir un peu de cette ambiance judiciaire, d'effacer ces 6 mois d'incarcération et de me retrouver en forme physique et morale avant de me présenter devant la Cour d'Appel d'Aix.

Deux jours après ma sortie de prison, je reçois la visite de mon ancien premier adjoint, devenu Maire. Il est accompagné du Directeur des Services. **Ils me demandent instamment de rester à l'écart des dossiers. Je ne comprends pas. Je leur propose une aide ponctuelle, une ou deux demi-journées par semaine, par exemple. Rien n'y fait. Mon successeur entend travailler seul, traiter les dossiers lui-même.** Deux heures de discussion n'aboutissent à rien. J'en prends acte avec tristesse. Le nouveau Maire me confirme sa décision quelques jours plus tard devant les adjoints afin d'obtenir leur soutien.

Me voilà mis à l'écart, sans aucune fonction municipale, alors que j'ai été élu par les Vençois quelques mois plus tôt, que je suis en pleine forme physique et que pour le moment je suis un " présumé innocent".

Je passe des mois à la maison, travaillant mon dossier judiciaire et allant périodiquement au Conseil des Adjoints ou au Conseil Municipal, pour approuver les délibérations présentées par le

Maire, délibérations que je n'ai pas eu l'occasion d'examiner, de préparer, de discuter. Cela n'est pas fait pour me donner le moral. C'est pour moi, passionné depuis près de 30 ans par ma ville, ma seconde peine, une "double peine" pour un innocent ! Difficile à vivre, surtout lorsqu'elle vous est imposée par vos propres équipiers, vos "amis". **Mais y a-t-il de l'amitié sincère dès que l'on entre en politique ?**

BILAN AVANT LE PROCÈS EN APPEL

Je retrouve en cette fin d'année 2009 ma famille, ma maison, mes habitudes. Je reprends le tennis pour garder la forme. Je fais un tour en mairie une fois ou deux par semaine. Je mets à profit tout le temps dont je dispose pour commencer à raconter cette "incroyable" histoire et surtout pour disséquer chaque élément du dossier afin de faire émerger sinon la vérité, au moins la preuve de mon innocence. **En effet, j'ai appris pendant toutes ces années que ce n'était pas à l'accusation de fournir les preuves de culpabilité, c'est à l'accusé de prouver son innocence.**

J'écris un manuscrit d'une centaine de pages que je montre à quelques amis et à mes avocats. Je conclus, à leur intention, par cette phrase :

"Je plaide non le doute, mais la certitude de mon innocence."

MES ARGUMENTS SONT LES SUIVANTS :

Premier point : ai-je le profil d'un agresseur d'enfant ?

Un adulte qui commet des abus sexuels sur un petit garçon de 6 ou 7 ans est l'auteur, soit d'un acte de pédophilie, soit d'un acte d'inceste.

Ai-je le profil d'un pédophile ? J'ai été en contact avec des enfants par ma profession de médecin radiologue pendant plus de 40 ans. J'ai examiné, radiographié, échographié des milliers de gamins et gamines de tout âge. Y a-t-il eu la moindre plainte ? Même a posteriori, après tout le battage médiatique fait autour de mon accusation, y a-t-il eu un témoignage quelconque pouvant évoquer la pédophilie ?

Tous les psychologues vous le diront : on ne devient pas pédophile brusquement à 65 ans. La pédophilie se manifeste dès les premières années de la vie d'adulte. C'est une déviance irrépressible et qui s'accompagne toujours de signes accessoires, évocateurs : photos, sites internet, sexualité médiocre, attitudes équivoques, plusieurs dénonciations… Les policiers ont cherché longuement et n'ont rien trouvé. L'enquête de personnalité conclut à mon caractère exemplaire dans toutes mes fonctions, parentales, familiales, sociales…

Serait-ce un cas d'inceste ? Tous les spécialistes sont unanimes sur ce point : l'inceste se produit dans une famil-le "incestueuse". Il y a toujours un environnement familial particulier, une ambiance de "secret de famille". Notre famille n'a aucun caractère " suspect ". Nous vivons à Cagnes-sur-Mer puis à Vence depuis près de 50 ans. Nous sommes très connus. Nous avons fréquenté tous les milieux sociaux, sportifs, politiques. Notre villa est largement ouverte aux amis…

Et puis les spécialistes expliquent que l'inceste nécessite toujours une longue approche de l'enfant suivie en général d'une longue pratique. L'acte de transgression n'est jamais une pulsion isolée et qui disparaît subitement. Pour l'approche de l'enfant, il faut une proximité quasi quotidienne permettant des tentatives progressives pour qu'une habitude se crée dans le silence de l'enfant. Or, nous ne recevions Gabriel que deux fois par an, pour une durée de 6 à 7 jours. Et cela dans le cadre d'un jugement sur les conditions de visite de l'enfant, prononcé par le Tribunal de Reims, **à notre demande**.

En outre, Gabriel a indiqué dès le mois de juillet 2000 que j'étais accompagné par un ami et qu'il était emmené dans une villa… Bien entendu, la villa n'a jamais été retrouvée et le soi-disant complice a été complètement blanchi. De plus, un "viol en réunion" sur son propre petit-fils, est, de l'avis des spécialistes, inimaginable.

Enfin, un acte incestueux qui ne se produirait que l'été et jamais l'hiver, un acte qui cesse subitement en 1999 ! Tout cela relève du délire et je pensais que mes avocats le prouveraient facilement.

Deuxième point, encore plus démonstratif : les constatations médicales me disculpent complètement. Les fissures anales par sodomie cicatrisent en quelques jours, quelques semaines au plus. C'est un fait scientifique, reconnu par tous les médecins. Les lésions signalées au mois de juin 2000 ne peuvent être en rapport avec un acte d'agression datant de 2 ou 3 ans. Pour que les constatations médicales de juin 2000 soient en rapport avec un acte de sodomie de 1997 ou 1998, il faudrait que nous ayons affaire à de véritables déchirures. Celles-ci sont tout à fait exceptionnelles. Elles auraient provoqué des douleurs épouvantables qui auraient fait hurler un enfant de 6 ou 7 ans. Elles auraient laissé des séquelles indélébiles qui n'ont pas été retrouvées sur la contre-expertise.

Il ne peut y avoir de doute sur des éléments scientifiques.

Troisième argument : Gabriel sait mentir facilement. C'est lui qui a inventé un deuxième personnage qui ressemblait à Mitterrand dans les guignols, qui "me montrait comment faire", qui me donnait de *l'argent dans une cassette pour des photos de lui, nu*, qui l'emmenait dans une *villa avec deux piscines et une meute de chiens...* L'enquête n'ayant rien trouvé et le personnage en question ayant été acquitté, on peut en déduire logiquement que nous avons affaire à un **enfant menteur.**

Ces trois points sont indiscutables. Ce sont des faits. La conclusion s'impose à tout esprit rationnel : je suis innocent, l'enfant a menti.

Je suis, à ce moment du procès, convaincu que mes avocats le démontreront facilement et n'auront pas à plaider le doute en ma faveur et pourront affirmer ma complète innocence.

Je me trompais.

LE PROCÈS EN APPEL À AIX-EN-PROVENCE

RENCONTRE AVEC LE PRESIDENT DE LA COUR D'APPEL D'AIX-EN-PROVENCE

Une vingtaine de jours avant le début du procès en appel devant la Cour d'Aix-en-Provence, je suis convoqué, comme le veut la loi, par le président de la Cour, monsieur V. Il m'attend au premier étage du Palais de Justice, dans le bureau du greffier.

En entrant dans la pièce, je ne vois d'abord qu'un dos large, pesant, surmonté d'une tête ronde enfoncée entre des épaules puissantes. Une bonne centaine de kilos de chair humaine et de graisse débordant la petite chaise qui supporte tant bien que mal ce poids.

Je me tiens, silencieux, timide, ne sachant que faire, comme un élève près du maître. Il me jette un rapide coup d'œil, puis fixe ses mains posées sur le bureau. Il commence alors une longue litanie à voix basse. C'est presque un murmure. « *Cette rencontre est imposée par la loi*, dit-il, *mais elle ne sert à rien. C'est un gaspillage de plus. Alors que le budget de la Justice est squelettique, qu'il n'y a même plus de papier !* »

Le greffier assis en face, un peu à distance, approuve tout, en dodelinant de la tête avec un sourire figé.

Je ne comprends pas où tout cela nous mène. Il me demande si j'ai un certain document administratif. Je lui réponds que je l'ai chez moi et que je "l'amènerai" à l'audience. Il me reprend : *On dit: " je l'apporterai" et non pas "je l'amènerai"*. J'approuve bien entendu la leçon. Comme on se sent petit devant un tas de graisse humaine lorsque ce tas a tout pouvoir sur vous. Et il le sait bien. Il ne me serre pas la main, me traite avec mépris, me fait la leçon de français.

Pensez donc, pouvoir humilier un notable qui a réussi, un homme politique de surcroît, c'est un plaisir rare, on ne va pas s'en priver !

Écœuré, mes idées s'évadent, je rêvasse. Ce n'est plus un magistrat que j'ai devant moi, mais un gros et méchant chat et je suis la petite souris apeurée. Je devine le matou prêt à me dévorer dans quelques jours. Après avoir joué "au chat et à la souris", avant de donner le dernier coup de patte, le coup mortel. Quelle joie pour le chat !

J'émerge de mes rêves. L'entretien est fini. Je me retire sur la pointe des pieds. Il reste avachi sur sa chaise, fixant toujours ses mains. Pas un regard, pas une poignée de main. Pas un geste humain.

Voilà, j'étais venu me présenter à celui qui va me juger et je pressens avoir rencontré l'homme qui va me condamner définitivement.

LE PROCES EN APPEL

Je n'oublierai jamais cette petite chambre d'hôtel à Aix que nous allons occuper, Jeanine et moi, pendant ces 10 jours de procès. Une petite chambre triste qui nous accueille chaque soir, épuisés, accablés par toutes les horreurs que nous avons entendues, par les accusations sordides, par l'attitude agressive de Gabriel et de ses avocats, par la partialité du président.

Nous vivons à nouveau un cauchemar, un terrible cauchemar, plus noir que le précédent à Nice.

Dès le premier jour, l'attitude du président, le ton des questions qu'il utillise pour s'adresser à moi, nous font comprendre qu'il a bien l'intention de me faire condamner. Le journaliste de Nice-

Matin interroge un de mes avocats : *« Il est évident que le président est contre vous. Quelle stratégie allez-vous adopter ? »*

Que faire ? Résister coûte que coûte. Garder la tête haute. Mais comment lutter contre un parti pris ?

La presse en rajoute. La Provence titre : **« Le "clan Iacono" fait bloc autour du patriarche accusé de viol. »** Ma femme et ma fille sont devenues "un clan", et moi un "patriarche" avec toutes les nuances négatives que ces mots portent.

Nice-Matin en rajoute : **« Christian Iacono a-t-il une double personnalité ? »** en gros caractères.

Un de mes avocats me presse de réagir, de me défendre plus énergiquement. Interrogé par le président, je m'emporte et lui demande : *« Mais comment, dans cette salle de bains, au vu et au su de toute la famille, ai-je pu sodomiser un enfant de 6 ou 7 ans ? »*

Le président appelle Gabriel à la barre et me lance : *« Il va vous le dire, lui. Alors, Gabriel, dis à ton grand-père comment tu étais lorsqu'il t'agressait. »* Et Gabriel de répondre : *« Debout, nous étions debout. »*

Le président me regarde : *« Debout, monsieur Iacono, merci Gabriel ! »* Devant son absence de réaction, je montre ma surprise : *« Mais, Monsieur le Président, Gabriel avait alors 6 ou 7 ans. Sa tête m'arrivait au niveau des hanches. Comment peut-on s'y prendre, en position debout, pour réaliser un tel acte. Je me mets à quatre pattes ? »* Il ne répond pas et me renvoie sur mon banc. J'obéis, comprenant que mon observation n'a servi à rien. Pire, le lendemain, au cours de l'intervention d'un des experts, il lancera comme une bonne plaisanterie : *« M. Iacono nous a fait hier une démonstration de l'agression et nous a demandé avec le sourire d'essayer à notre tour ! »* Mes avocats ne réagissent pas.

Un incident violent, quelques jours après, montre la tension qui règne dans le prétoire. Le débat tourne autour des "lésions périanales" constatées chez Gabriel, le jour du signalement, par le Dr Dulière qui les a interprétées de façon péremptoire comme des lésions de sodomie. Or cela est loin d'être évident, comme l'ont écrit le docteur Ohayon, les professeurs Grimaud et Rautureau. Il est fort possible que l'on ait affaire à des fissures par grattage en raison d'une oxyurose, fréquente chez les enfants de cet âge et passant souvent inaperçues.

Mes avocats demandent des précisions aux experts qui les renseignent sur cette affection, "l'oxyurose". C'est important, car si les experts confirment que des lésions de grattage ont été, par erreur, prises pour des lésions de sodomie, il n'y a plus de procès. Surtout, il n'y aurait jamais dû y avoir de procès. Cela finit par agacer le Procureur, Monsieur Mahy. Il ne tient plus en place.

Au beau milieu du débat, il se lève d'un bond en criant : *« Il y en a assez avec cette oxyurose ! »* Il descend vivement de son prétoire avec de grands gestes. Le président, surpris, s'empresse de suspendre la séance. Je me tourne vers Me Romeo, mon défenseur, et à voix basse je lui dis :

« Est-il médecin pour affirmer que ce n'est pas de l'oxyurose ? »

Mais le procureur continue en traversant à grands pas la salle : *« C'est une défense de voyou… Il y en a marre ! »*

Me Baudoux réplique d'une voix tonitruante : *« Retirez cela immédiatement ! »*

L'incident est grave. Qu'un Procureur empêche par son intervention l'accusé de se défendre, surtout sur un élément essentiel, un fait médical, anatomique, ce n'est pas fréquent. Surtout que l'accusé est lui-même médecin et qu'il a dès le début de l'affaire évoqué cette possibilité. En outre, c'est moi qui ai demandé une contre-expertise. La Justice a mis plus de 5 ans à la réaliser.

Les contre-experts seront unanimes dans leurs rapports. Il est possible que des lésions de grattage aient été mal interprétées initialement. Donc ce débat était essentiel et pouvait faire basculer le procès. Il aurait été difficile de me condamner sur la base de constatations médicales fausses. Est-ce que cet enjeu essentiel sur l'issue du procès fit perdre son sang-froid au Procureur ? Le Parquet tenait-il tant à me voir condamné ?

Il est vrai que le report, pendant quatre ans, de la contre-expertise médicale et la violente intervention du Procureur, au moment où les contre-experts médicaux témoignent, montrent bien que la Justice avait décidé de rester sourde aux arguments de la défense.

Mes avocats menacent de boycotter le procès. Le bâtonnier est appelé en renfort. Il tente l'apaisement. Et le lendemain, après de longues discussions, nous acceptons les excuses publiques faites par le Procureur et la poursuite du procès. Pour ma part, je n'avais aucune envie de voir le procès renvoyé à une date ultérieure. Je voulais qu'on en finisse avec ces folles accusations et je cédais aux arguments des uns et des autres.

LE VERDICT

Je me trompais une fois encore. Malgré de belles plaidoiries de mes avocats, le jury confirme ma condamnation à 9 ans de réclusion.

Je n'oublierai jamais le sourire de satisfaction de mon fils Philippe qui prend dans ses bras Gabriel. J'aperçois les visages défaits de ma femme et de ma fille, debout au fond de la salle. Je ne veux plus rien voir. Je me sens "au bout du rouleau", les jambes flageolantes. Trop, c'est trop ! Ce n'est pas supportable. J'ai la vision, dans un éclair, des années que je vais passer en prison, de la souffrance qui attend mes proches, du désespoir de ma mère, des pleurs d'Emma et d'Adrien… Plutôt mourir, en finir avec cette justice qui ne pense qu'à me condamner, qui refuse de m'entendre, qui m'empêche de me défendre.

Dans les longs couloirs nus du Palais de Justice, menotté et tenu par deux policiers, je marche et rêve que l'on me conduit sur une chaise électrique. Quel soulagement ce serait !

Comme je peux comprendre que certains condamnés puissent accepter leur exécution, seule issue à des années de souffrance.

On me fait monter dans une voiture de police fermée, occupée par deux autres détenus et je me laisse ballotter en essayant de ne plus penser à rien. Je touche le fond. Je suis tout au fond. Je ne proteste plus. Qu'ils fassent de moi ce qu'ils veulent ! Je ne me battrai plus. Ma batterie est à plat, complètement à plat. J'ai perdu, bien perdu toute mon énergie.

La machine judiciaire, elle, a gagné ; elle a vaincu l'innocence, l'a écrasée ; elle a fait fi de la vérité ; elle s'en moque de la vérité. Elle a fait son boulot, la Justice ! Elle a condamné celui qui devait être condamné !

Allez, Christian, sois beau perdant, me murmure-t-elle à l'oreille! ***Ce qui compte, c'est la Justice, ce n'est pas toi. Toi, tu n'es rien. On t'oubliera vite, mon petit.*** Je l'entends ricaner de son rire strident…

TROISIÈME INCARCÉRATION

À Luynes

La destination était la prison de Luynes, à quelques kilomètres d'Aix. Le fourgon qui m'emmène s'arrête. Silence et nuit noire. Des portes claquent. Je descends et suis enfermé dans une petite cabine où je dois me déshabiller complètement. J'obéis machinalement, dans un état de demi-conscience. Et puis la voix d'un gardien me fait sursauter :

« Mais c'est Iacono. On avait parié avec mon collègue qu'on vous aurait ce soir avec nous. Vous vous souvenez, j'étais à la prison de Nice quand vous y étiez. »

Cette voix fraîche, haute en couleurs, me tire de mes tristes réflexions.

Le gardien continue sur le même ton en me donnant tout mon paquetage.

Il ajoute : *« Vous n'avez pas besoin d'un pull ? Tenez, prenez celui-ci. Et puis des baskets. Allez prenez, ça peut toujours servir. »* Impossible de refuser, c'est comme des cadeaux de bienvenue, on ne peut pas les refuser !

« Et où on va le mettre, Iacono ? Il reste une place aux entrants. Je vais le mettre là ! »

Il s'approche de moi et sur un ton plus bas : *« Si j'ai un conseil à vous donner, c'est de ne pas moisir ici ; c'est la plus mauvaise prison de tout le sud ! Il y a tous les voyous de la région et c'est pas des tendres ! »*

Et me voilà pour la troisième fois incarcéré dans un petit 9 m2.

Mes pensées vont vers Jeanine, Cécile, Rodolphe, et les enfants, Adrien, Emma, qui attendaient impatiemment leur papy. Quelle tristesse pour eux ! J'aimerais tant les serrer dans mes bras. Comme la vie est cruelle et injuste avec tous ces innocents !

Que l'on ne me parle plus de recours, de cassation. Tout cela ne sert à rien, rien. La Justice est sourde et aveugle ; je ne veux plus avoir affaire à elle. Je veux oublier tout ce qui me meurtrit depuis 11 ans : les juges, les avocats, la Mairie, Vence, les amis. Mon Dieu, donnez-moi l'oubli, ôtez-moi la mémoire ou bien ôtez-moi la vie…

Heureusement, le sommeil finit par l'emporter.

PREMIER PARLOIR A LUYNES

Je suis appelé au parloir dès le lendemain après-midi. Un parloir famille ! Si tôt ! Je n'y crois pas. Je ne rêve pas. Ce sont bien Jeanine et Cécile qui sont dans le petit réduit, avec leur beau sourire pour m'accueillir. Elles m'expliquent qu'en rentrant sur Vence, après l'énoncé du verdict, elles avaient reçu sur leur portable un appel du Procureur lui-même, un appel fort courtois. Il leur avait demandé s'il pouvait les aider dans cette épreuve. Elles avaient sollicité un parloir rapidement et mon transfert à la Maison d'Arrêt de Grasse. Il leur avait promis qu'il s'en occuperait. Et effectivement, elles reçurent peu après un coup de fil de la prison de Luynes leur accordant un parloir pour le lendemain. C'est pour cela qu'elles étaient là.

Immédiatement, elles m'encouragent. Il faut tenir le coup. Ce n'est pas fini. « *Tu dois demander ton pourvoi en cassation. Il faut faire vite, car ce doit être fait dans les quelques jours qui suivent la condamnation* », m'affirment-elles.

Je leur réponds que la Cassation ne sert à rien, que j'ai eu l'occasion de le constater dans de nombreux cas, que cela va encore coûter de l'argent pour avoir un refus dans un an. Je leur explique que j'ai perdu tout espoir de faire apparaître la vérité et que je vais essayer de tout oublier : la Justice, Gabriel, Vence, la Mairie.

Je leur demande instamment d'obtenir mon transfert au Centre de Casabianda en Corse, où les conditions de détention sont plus souples. Et la proximité de la Méditerranée pourra m'aider à tenir. Or le pourvoi en Cassation sera un obstacle à mon transfert. Je ne supporterai pas le séjour de plus d'un an dans un Centre de détention, à Grasse ou ailleurs en Métropole.

Elles m'écoutent attentivement, mais reviennent à la charge. *Il faut que tu signes le pourvoi en cassation. On t'en supplie. Fais-le pour nous !*

Je finis par leur promettre de signer ce pourvoi. Elles sont tellement extraordinaires, tellement combattantes, tellement convaincantes. Et elles s'en vont, rassurées. Je leur ai donné ma parole.

Mes avocats me rendent visite à leur tour et me donnent le même conseil. Je m'abstiens de leur dire que j'ai déjà promis de faire ce recours. Ils penseront par la suite que ce sont eux qui m'ont décidé et s'en féliciteront. Mais peu importe… Le processus de la cassation est lancé. Il sera bien utile, puisqu'il permettra notre demande de Révision le moment venu.

À LA MAISON D'ARRET DE LUYNES

Pour les responsables de la Maison d'Arrêt de Luynes, je suis un problème. En effet, ils craignent pour ma sécurité. La présence de nombreux jeunes malfrats de la région de Marseille est dangereuse pour une personnalité du monde politique, venant d'être condamné à 9 ans de prison pour viol de son petit-fils.

Je constate dès le premier jour leur embarras. Il n'y a pas de véritable service d'isolement comme à Grasse, mais un service pour des cas relevant de la psychiatrie. Alors on me laisse dans cette cellule d'arrivant, séparée complètement dcs autres cellules. J'ai droit à une seule promenade matinale d'environ une heure vers 8 h, seul sur un grand terrain de sport, dans le froid. Le personnel n'apprécie pas trop mon régime spécial qui leur donne un supplément de travail et certaines fois je suis oublié.

Je demande au chef de service la possibilité d'aller dans la bibliothèque qui se trouve en face de ma cellule, lorsqu'elle est fermée aux autres détenus. Il accepte et cela va me permettre quelquefois de me dégourdir les jambes l'après-midi. J'en profite aussi pour ranger les livres par catégories et par lettre alphabétique.

Ma demande de transfert pour Grasse est assez vite acceptée par les services et un beau matin, je reprends, encadré par deux gendarmes, le chemin de la Maison d'Arrêt de Grasse, celle qui m'avait accueilli en juillet 2000.

NOUVEAU SEJOUR A GRASSE

Me voilà, 10 ans après, dans le service des isolés de la Maison d'Arrêt de Grasse que j'ai connu en juillet 2000.

Je retrouve les habitudes pénitentiaires. Elles n'ont pas beaucoup évolué. J'essaie de m'adapter à l'emploi du temps : promenades, parloirs, infirmerie… je n'ai plus le choix. Il y a bien le recours en Cassation, mais je sais que c'est peine perdue. Et puis mes avocats me convainquent de présenter un dossier à la Cour Européenne. J'acquiesce, tout en sachant que c'est encore une démarche coûteuse. Quant au transfert dans un autre centre de détention, en Corse, si possible, ce n'est pas d'actualité, car il faut attendre d'abord le jugement de la Cour de Cassation.

Et puis la loi prévoit la liberté sous surveillance électronique pour les condamnés âgés de plus de 70 ans. Mais pour cela aussi, il faut attendre la fin des procédures judiciaires.

Je prends donc mon mal en patience. J'ai le soutien moral de mon épouse, de ma fille, de mon frère, qui me rendent visite très régulièrement. Mes avocats aussi m'encouragent à tenir bon.

DU NOUVEAU CHEZ GABRIEL

C'est au cours des visites parloirs que me parviennent quelques éléments nouveaux qui semblent montrer un changement d'attitude de Gabriel.

J'apprends que sa cousine Carolane qui vit à Nice et a sensiblement le même âge que lui, avait reçu un appel téléphonique pendant le procès d'Aix. C'était Gabriel qui la suppliait de venir immédiatement. Elle l'avait ressenti comme un appel au secours. Elle avait répondu et l'avait rencontré deux jours avant le verdict. Elle l'avait trouvé très perturbé, dans un état de grande excitation, ne sachant pas s'il se réjouissait ou s'il déplorait le procès et ses suites. Carolane, psychologue de formation, estimait qu'il avait envie de se rétracter et de voir cette affaire se terminer. Mais c'était une impression, une interprétation de l'attitude de son cousin.

Et puis j'apprends que Gabriel n'a pas voulu rentrer à Reims et veut rester sur la Côte pour commencer une nouvelle vie. Il se rapproche de ma fille Cécile qui le reçoit quelques jours chez elle.

Mais l'affaire n'est jamais évoquée entre eux, c'est trop frais, trop sensible et bien trop délicat. Je partage l'avis de ma fille. Il faut attendre, laisser le temps faire son œuvre et n'influencer en aucune manière l'auteur de toute cette tragédie.

Pour ma part, je ne crois pas à la possibilité rapide d'une rétractation même si je suis convaincu que Gabriel ne pourra vivre avec ce mensonge et qu'un jour, il dira la vérité. Un pédopsychiatre de grande renommée que j'avais consulté, il y a quelques années, m'avait affirmé que Gabriel avouerait son mensonge à sa puberté, à son adolescence.

Mais le temps passe et il est toujours accusateur. Aussi, je m'interroge quelquefois : ne va-t-il pas finir par adopter la version de la Justice ? Cette Justice qui l'a accompagné pendant toutes ces années avec des experts, des juges, des policiers qui lui affirment constamment qu'il n'est pas un menteur, qu'il est un petit gamin bien brave et qui lui disent qu'ils sont à ses côtés pour le défendre et punir le vilain grand-père qui se croit tout permis parce qu'il est Maire de Vence.

Cette version est reprise en chœur par son père, sa mère, les parents et grands-parents maternels. Et ses avocats si prévenants, si attentionnés, le rassurent, l'encouragent, le motivent.

N'a-t-il pas besoin de la vérité pour construire sa vie ? Il est maintenant un homme, il est père de famille. Il sait qu'une telle agression sexuelle aurait dû laisser des souvenirs précis et terribles. Or il n'en a pas. Il voudrait bien dire qu'il s'est peut-être trompé, qu'il a inventé comme pour le vieux monsieur qui ressemble à Mitterrand. Mais depuis le mois de juin de l'année 2000, soit depuis 11 ans, personne ne l'a aidé à revenir vers la vérité. Il nous le confiera plus tard : « **Tout ce que je disais, ils le croyaient !** » C'était un vrai **mur bâti autour de lui, un mur infranchissable**, puisque pendant toutes ces années la Justice avait interdit tout contact entre lui et notre famille.

J'imagine le sentiment de solitude chez ce jeune homme, désemparé, dépourvu de tout repère. Seul avec sa conscience… Je l'imagine …

Personne pour m'aider, pour me conseiller. Je ne peux compter sur mes parents, sur ma famille. Je suis seul devant l'énormité du problème ! Seul, complètement seul ! D'autant que maintenant je suis père de famille, que j'ai un petit Mathys que j'adore et je sais qu'il faudra un jour lui dire, lui avouer, lui dire mon mensonge et que ce jour-là, mon propre fils aura honte de moi. *Comment faire marche arrière ? Comment effacer tout le mal que j'ai fait autour de moi, à mon papy, ma mamy, mes proches, mes parents ? Comment ? J'ai envie de crier, de dire à tous ces gens, experts, policiers, magistrats, pourquoi m'avez-vous cru ? Pourquoi avez-vous accepté n'importe quelle parole ? Pouquoi êtes-vous si crédules ? Pourquoi ne m'aidez-vous pas à avouer mon mensonge ? Oui, je sais que je n'ai pas été bien courageux pendant les procès ! Mais j'étais tellement entouré, conseillé, adulé, comme ligoté. Aurai-je la force, le courage de renverser ce mur du mensonge ? Qu'est-ce qui m'attend derrière le mur ? La Justice va-t-elle me poursuivre, m'incarcérer ?*

C'est pourquoi j'étais assez pessimiste sur la possibilité d'une rétractation rapide et me préparais moralement à une longue détention.

Et puis vint ce mercredi 11 mai 2011 !

LA RÉTRACTATION

Il était environ 9 heures du matin. J'étais dans ma cellule, prêt pour la promenade.

Un surveillant entrouvre la porte et me crie : *« parloir avocat ».*

Je descends de mon étage, prends le couloir des parloirs. J'attends un moment dans une petite salle, subis une fouille succincte et un gardien vient me chercher et m'ouvre la porte d'un parloir "avocat". C'est une petite pièce de quelques mètres carrés avec une table et une chaise de chaque côté.

Dominique Romeo est là, debout, en costume cravate. Nous nous embrassons et avant de dire le moindre mot, Dominique jette le Nice-Matin du jour sur la petite table.

Dans un éclair, je vois à la Une la photo de Gabriel surmontée d'un énorme titre.

« Mon grand-père ne m'a pas violé »

Je reste sans voix. Un frisson de bonheur me parcourt. Je m'asseois, au bord des larmes. Dominique ne dit mot. Nous nous recueillons un moment, un moment de silence.

Tout me revient à l'esprit, toutes ces années, toutes ces souffrances, toute cette salissure.

Trois mots ont suffi pour tout effacer.

D'une voix émue, je dis à mon avocat : *« Pour moi, le procès est fini. Quelle que soit la suite judiciaire, je m'en moque. La vérité l'a emporté et mon petit-fils va pouvoir entamer une nouvelle vie, l'esprit libre. »*

Je ne lis par l'article. Les détails ne m'intéressent pas.

J'aimerais tellement avoir Gabriel près de moi et le serrer dans mes bras. Lui dire combien je suis fier de lui, fier de le voir triompher du mensonge qui le rongeait depuis tant d'années, fier de son courage, fier d'avoir renvoyé au placard, juges, experts, policiers, parents, famille maternelle qui étaient ligués pour faire de lui un accusateur infâme, un destructeur de tous ses proches.

Oui, bravo Gabriel, en quelques jours tu as pris une décision qui efface tant d'années sombres. Oui, Gabriel, le soleil que je t'ai promis, va se lever.

Tiens, voilà ces quelques lignes que j'écrivais lorsque tu avais, je ne sais plus, 12 ou 13 ans et que je n'ai pu t'envoyer parce que Madame la Justice nous interdisait de nous rencontrer et de communiquer de quelque façon que ce soit.

Nous nous retrouverons, Gabriel.
Ne désespère pas, gamin, nous nous retrouverons, avant que je ne monte au ciel. Nous nous retrouverons et sans rien nous dire, sans avoir rien à nous dire, nous nous serrerons fort, si fort.
Et les souffrances et les peines s'envoleront. Et tu verras, un coin de ciel bleu apparaîtra, aussi bleu que le jour où tu m'as dit:
« Comme la vie est belle ici! »

Voilà, Gabriel ! Cette fois-ci, ça y est ! Nous allons nous retrouver, même si la Machine n'est pas tout à fait d'accord. Elle va bouder. Les belles histoires d'amour, ce n'est pas son fort. Mais elle finira par céder car nous ne sommes pas pressés mais obstinés, têtus, tenaces et que la vérité est à nos côtés alors que le mensonge est du sien.

Dès le 13 mai, mes avocats déposent une demande de libération conditionnelle.

Nice-Matin fait les gros titres sur cette rétractation.

« Affaire Iacono : la stupéfaction à Vence »

Les Vençois sont interrogés et disent leur première réaction à chaud.

« Il ressort que ces personnes accueillent ce coup de théâtre comme une bénédiction », résume le journaliste. Il pose la question :

« Que peut-il se passer du côté de la mairie ? » et en titre

« Christian Iacono peut-il récupérer le fauteuil de maire ? »

Il rappelle ma réponse à cette question du 2 décembre 2010 : *« J'ai été élu au suffrage universel sans cacher que j'avais cette affaire sur le dos. J'ai pris un engagement politique et moral envers les Vençois que je consulterai alors, d'une manière ou d'une autre, pour savoir s'ils ont envie de me revoir… Dans tous les cas, je serai à la disposition des Vençois. »*

Les réactions politiques sont un peu plus prudentes. Le Maire, qui m'a remplacé en septembre 2009, estime la question prématurée et dans le cas où elle se poserait, il renvoie la décision à l'équipe municipale. Je découvrirai bien vite qu'une majorité des conseillers municipaux en qui j'avais placé toute ma confiance, avaient "tourné la page" et n'envisageaient plus l'avenir avec moi. Ils ne me le diront jamais mais leur attitude le démontrait. Et la Justice, en faisant traîner la fin de la procédure jusqu'en mars 2015, les aida à m'éliminer définitivement de toute responsabilité municipale.

Pour le moment, je suis toujours incarcéré dans ma petite cellule, au troisième étage de la Maison d'Arrêt de Grasse, attendant que la Justice prenne en compte la rétractation de Gabriel.

Il est enfin entendu le 24 mai par trois gendarmes de la section de recherche de Marseille. Il confirme mon innocence complète. Il déclare à la presse : *« J'ai peur que l'on ne me prenne pas au sérieux, que l'on continue à écouter mon père. »* Cette phrase confirme bien les soupçons que nous avons toujours eus sur le rôle actif du père, rejoignant en cela la famille maternelle. Jusqu'au prononcé de l'acquittement, ils vont d'ailleurs mener une véritable guerre à Gabriel à coup de communiqués, de menaces, d'insultes, sur Internet. Ils vont lui tourner le dos, ne lui apportant aucune aide matérielle ou morale. Gabriel devra se débrouiller seul, alors qu'il est père d'un bébé de plusieurs mois, qu'il n'a aucune qualification et très peu de ressources.

LIBERATION CONDITIONNELLE

La demande de ma libération est examinée par la Chambre d'Instruction d'Aix le 21 juin 2011. La réponse est favorable. Le lendemain, je sors de prison. Toute la famille est là, les amis aussi. Les médias nous assiègent. L'affaire est devenue complètement médiatique. Le retour à Vence est chaleureux. Je m'arrête au Troquet, le bar-restaurant de la place du Grand Jardin, et je déguste un verre d'un rosé de Provence, bien frais.

Que la vie est belle ! Comme la liberté est un bien précieux !

NICE-MATIN M'INTERVIEWE LE 24 JUIN.

Qu'avez-vous ressenti en sortant de la prison de Grasse ?

« On est comme sur un nuage. Il y a le soleil, les sourires, les gens qui se précipitent, les micros qui vous encerclent. Et puis il y a l'émotion ... »

Gabriel ne pouvait pas être là…

« J'ai appris peu de temps avant ma sortie que la Justice souhaitait encore nous séparer. Cela me fait mal au ventre, mais je ne peux rien y changer… »

Gabriel sollicite votre pardon. Allez-vous lui accorder ?

« Pour un pardon sincère, il faut une relation directe, pour l'instant impossible. Il y a encore deux mois, Gabriel était mon accusateur. Aujourd'hui, il a vingt ans. Un jour, il faudra que nous ayons une discussion d'homme à homme. Cela dit, un enfant ayant avoué est à moitié pardonné. »

En voulez-vous à d'autres personnes ?

« En tant que médecin, j'en veux surtout aux deux confrères de Reims qui ont déclenché l'affaire en diagnostiquant à titre d'experts des signes spécifiques de sodomie. On n'assène pas de telles certitudes sans faire des examens complémentaires ainsi que le Conseil de l'Ordre ne cesse de le rappeler. »

Votre fils Philippe ne croit pas à la sincérité de la rétractation de Gabriel…

« C'est son problème. J'essaie de me mettre à sa place. Comment peut-il faire avec sa conscience, avec son ego, s'il s'est trompé à ce point ? Envoyer un innocent finir sa vie en prison, c'est déjà énorme. Si c'est son propre père, c'est terrible ! »

Il évoque implicitement une manipulation…

« C'est la seule explication qu'il trouve ! Si Gabriel est si manipulable, il l'a eu près de lui pendant 10 ans, 24 heures sur 24. On peut s'interroger sur l'auteur de la manipulation ! »

Un retour en politique ?

« La politique, je la vois avec distance. À quelle date serai-je acquitté ? Je n'en sais rien. Comment serai-je physiquement à ce moment là ? Je ne sais. Je laisse faire le destin. »

Vous avez pourtant envisagé de redevenir Maire de Vence…

« Un moment j'en ai rêvé pour laisser à mes petits-enfants l'image d'un grand-père avec une écharpe tricolore et non celle d'un papy dans un parloir de prison. »

Certains supporters aimeraient vous voir terminer la mandature en cours…

« C'est vrai, des gens ont déjà dit à ma femme : « Le Maire, c'est Iacono, élu au suffrage universel. Moralement engagé envers les Vençois, j'aimerais pour un ou deux ans reprendre les rênes. Le Conseil Municipal et l'actuel premier magistrat de la ville, qui a bien travaillé, le voudront-ils ? Je n'en sais rien… »

REJET PAR LA COUR DE CASSATION

Et l'affaire continue. Des mois passent, dans l'attente. Pour demander la révision du procès, il faut que la procédure de cassation soit terminée.

Nous recevons la décision de la Cour de Cassation fin novembre 2011. Elle est négative, comme je m'y attendais. Dans l'arrêté, il est indiqué que la rétractation de Gabriel ne relève pas de la Cour de Cassation mais de la Cour de Révision.

Dès le lendemain, mon avocat, Me Dominique Romeo, dépose la demande de révision du procès et la suspension de ma peine.

Une dernière phase commence ! Il faut la gagner !

RETOUR A LA PRISON DE GRASSE

Cela commence mal. Nous avons passé les fêtes de Noël de cette année 2011 en famille et deux jours plus tard nous nous préparons à monter à Auron, une petite station de ski à un peu moins de 100 kms de Nice. Nos deux petits enfants, Adrien et

Emma viennent avec nous. Ils sont à la villa et nous faisons les valises avec les tenues de ski, d'après-ski, leurs affaires d'école. J'ai déjà sorti la voiture du garage et nous commençons à la charger. Tout est prêt pour le départ à la neige.

L'interphone de notre portail sonne. Je vais ouvrir et me trouve nez à nez avec deux gendarmes, un peu gênés, qui me tendent un papier officiel venant du Parquet d'Aix, intitulé "rendez-vous pénitentiaire". Je dois me présenter à la Maison d'Arrêt de Grasse dans quelques jours à 9 heures du matin. **C'est une nouvelle incarcération, la quatrième.** Nous déchargeons les valises. Il n'y aura pas de vacances familiales à la neige !

Cette décision suscite la surprise, puis la colère des Vençois. Le Comité de Soutien organise une manifestation de soutien. Les médias supervisent toute l'affaire et me suivent de près.

Cela ne change rien. Le lundi matin du 9 janvier 2012, je me présente à la porte de la Maison d'Arrêt de Grasse. Mes proches sont là, émus, m'encourageant. Gabriel est là aussi, sur le parking, à distance, la mine triste. Je lui fais un petit signe de la main. Pourquoi cette séparation exigée par la Justice ? Pourquoi rajouter de la souffrance à la souffrance alors que l'affaire est pratiquement terminée ? Mais la "machine" sent le danger à travers moi. Car les médias sont là maintenant. Ils s'intéressent à ce qu'ils pressentent comme une nouvelle erreur judiciaire. Dans son domaine réservé, fermé, totalement autonome, "la machine" fonctionne de façon parfaite. La critique est interdite ; elle est un "outrage", un manque de respect à l'indépendance de la justice. Tout citoyen doit courber l'échine et déclarer haut et fort : *« J'ai toute confiance en la Justice de mon pays. »* Et puis il y a quelquefois, rarement, très rarement, un grain de sable et la machine n'aime pas ça. Le grain de sable, aujourd'hui, c'est Gabriel et son grand-père. Alors il n'y aura pas de cadeau ni pour l'un ni pour l'autre. Nous sommes pressés de nous retrouver après toutes ces années, de tomber dans les bras l'un de l'autre, d'essayer d'oublier le cauchemar. Et bien la Justice va nous interdire ces retrouvailles, il va nous falloir attendre, attendre pendant des mois, jusqu'au mois de mars 2015, jusqu'au prononcé de l'acquittement.

LA CONFESSION DE GABRIEL

Gabriel écrit alors, le 14 janvier 2012, une nouvelle et longue lettre d'aveu, détaillant toutes ces années passées dans le mensonge, expliquant sa démarche, demandant pardon à tous ceux qu'il avait trompés. Il envisage de l'envoyer au Parquet, au Garde des Sceaux, à la Cour de Révision. C'est un document émouvant qui le libère enfin du mensonge. Une véritable confession publique. Je vous en donne les passages les plus importants :

« À l'âge de 9 ans, j'ai inventé une histoire, une histoire absurde, horrible. J'ai accusé mon grand-père de m'avoir violé. J'ai raconté cela parce que j'étais mal, mal dans ma vie. Mes parents étaient en train de se séparer, et je ne l'acceptais pas. À l'époque, je me souviens que dans la cour de récréation, pour avoir le soutien de tout le monde, et surtout la pitié et l'amour de tout le monde, je rêvais de me casser le bras, la jambe… juste pour être Gabriel, la victime que tout le monde regarde et apprécie. Mais le défaut, c'est que je suis très douillet et de ce fait, je n'y arrivais pas. »

« Alors, avec le tapage médiatique sur les viols, la pédophilie, les maltraitances… je me suis dit : pourquoi ne me ferais-je pas passer pour un enfant abusé, victime de viol et en plus par son grand-père si parfait et si connu ? »

« Mon père était en guerre permanente avec mon grand-père et me posait souvent des questions : si ça se passait bien avec papy et mamie, s'il ne faisait rien à mon égard… »

« Je me souviens d'une scène, je n'ai pas la date en tête mais c'était la veille de la coupe du monde, mes grands-parents maternels sont venus me chercher chez mes grands-parents paternels pour passer un séjour chez eux. Ma tante Cécile était présente. Ce jour, je m'en souviendrai toute ma vie ; mon grand-

père paternel s'était énervé ; il était rentré dans une colère noire. Mes grands-parents maternels, de retour chez eux, ont fait un rapport détaillé à mes parents pour leur expliquer ce qui venait de se passer. De là, mon père s'est isolé avec moi et a commencé à me poser tout un tas de questions. Ce jour, j'ai compris que mon père, qui a toujours été distant avec moi, le serait beaucoup moins si je me rangeais à ses côtés. Deux ans passèrent et là mon scénario complet, fini et précis, commença. J'ai PARLÉ à ma mère au début, puis à mon père, ma grand-mère maternelle… »

« Ils m'ont tous cru. On ne parlait plus que de moi, plus de cousin ou cousine plus intéressant que moi ; il n'y a plus que moi, que moi que l'on regarde. Je suis devenu le sujet de toutes les attentions. De là, ma mère m'emmena voir mon psychologue pour que je lui dise. Mon père, dans le même temps, appela un numéro pour l'enfance maltraitée (j'étais fier de ce terme, je ne sais pourquoi). Ils lui conseillèrent de m'emmener à l'Hôpital Américain à Reims, ce qu'il fit aussitôt. »

*« Je passe assez vite devant une psychologue qui me dira : « **Tout ce que tu dis est vrai, ton grand-père doit être puni et l'on va t'aider.** » Cette phrase est très importante, car à ce moment, le mécanisme de mon mensonge ne pouvait plus faire marche arrière. Pourtant, au fond de moi, je me disais : « **Elle est complètement folle : je viens de lui mentir depuis 2 heures et elle me dit que c'est vrai.** »*

*« On m'annonce que je vais devoir passer devant un médecin qui va m'ausculter. Là, je suis pris de panique : « **On va voir que je suis un menteur !** » Je m'exécute, me voilà nu dans des positions assez malsaines (à mes yeux). Puis verdict, quand elle alla voir mes parents : « **Je vous affirme, je vous confirme que votre fils a bien été violé, nous venons de retrouver des traces qui parlent d'elles-mêmes, nous avons des preuves, nous allons le déclarer au procureur.** » (Évidemment, ces phrases ne sont peut-être pas au mot près ; cela fait 12 ans ; j'en avais 9).*

« Et là, à cet instant, j'ai douté pour la première fois de ma vie. Pour la première fois de ma vie, j'étais incapable de comprendre ce qui m'arrivait... Comment ces traces ? Mais l'aurait-il pas fait vraiment ? »

« On m'emmena plus tard au commissariat, à un étage, je crois. On m'a proposé de me filmer mais j'ai refusé, refusé oui car je pensais qu'on pourrait voir mes mensonges... La police, elle aussi, disait que c'était vrai. Trop tard, je suis perdu dans mon mensonge. C'est fini, tout le monde dit que c'est vrai : des adultes, des experts de la médecine... C'est trop tard : mon grand-père m'avait violé, je suis sa victime, je souffre donc. C'est obligatoirement ça et je me suis mis à le détester, à casser tout ce qu'il a pu m'offrir, à brûler ses photos, ne plus regarder mes cassettes de vacances. »

« À partir de ce jour-là, il fallait qu'il paye... »

« Les jours, les mois passèrent, on me trimbalait d'expert en expert, devant le juge d'Instruction et ils me disaient tous : **« C'est vrai, on a les preuves, on te croit. »** Je me taisais, me cloîtrais dans un silence d'or. À chaque évènement judiciaire, mon père redevenait proche, me gâtait (je rêvais d'un agenda électronique, je l'ai eu), d'une journée à Disney (pareil), je me sentais mal pour l'expertise, les auditions, mais à chaque fois après c'était le rêve. Du coup, j'ai rajouté quelqu'un pour en avoir toujours plus. M. B., je l'ai accusé non pas pour dédouaner mon grand-père comme tout le monde croit mais bien pour avoir plus d'attention. J'ai parlé de lui quand cela retombait. Les mois passèrent, les années... nous voilà en 2003, 2004, 2005, je ne sais plus vraiment, et voilà que là, j'ai accusé un copain d'internat d'attouchement sur moi, de là de nouveau toutes les attentions. »

« On arrive à l'été 2006 et comme à son habitude mon père m'envoya en colonie de vacances, et là, je rencontre l'amour pour une fois et la seule fois de ma vie. Cet amour qui n'a duré que 5 ans mais par notre union mon fils est né aujourd'hui âgé de 1an et demi. »

« Puis, rarement mais de temps en temps, je réfléchissais à mes déclarations sur mon grand-père et je repensais à moi en train de mentir délibérément et au final je me disais : « **Non, ce n'est pas possible que j'aie pu inventer cela… »**

« Nous arrivons aux procès. Le premier à Nice a été renvoyé au bout de 2 jours.

« 2ème procès : mon avocat que je voyais depuis 72 heures avant m'avait préparé : j'étais un "guerrier" qui était là pour détruire, condamner mon grand-père pour ce qu'il avait soit-disant fait. Et je gagnais le 12 avril à 1h du matin à Nice : 9 ans d'emprisonnement… »

« Deuxième procès, rebelote, on recommence : de nouveau condamné à 9 ans de prison. »

« La mère de mon fils et moi parlions beaucoup juste avant ce procès. Je lui disais doucement, sans précision, que je voulais tout arrêter, que je n'étais plus sûr ; et oui, jamais j'aurais pu lui dire. Cela faisait 5 ans que je lui mentais alors cette fois, pour la première fois de ma vie, je décidai de prendre les rênes. »

« À la veille du verdict, je décidais de voir ma cousine, Carolane, pour parler. J'étais prêt à dire la vérité, du moins une partie (mon grand-père ne m'a pas violé). J'étais prêt mais je n'y arrivais pas. »

« De là, je me suis dit que ma tante, si elle était là, pourrait peut-être entendre ce que j'avais à dire mais je l'ai vue et je n'ai pu lui avouer mon erreur. »

« Je n'y arrivais pas. Cela était trop compliqué, puis en plein procès, j'étais en terrain hostile. Du coup, impossible d'être proche d'elle comme avant. On se fera, à la fin, un câlin très fort en émotion et on se promit que peu importait le verdict, on se *laisserait le temps de digérer le verdict mais que l'on ne perdrait pas le contact. »*

« Il fut recondamné par la faute de mon manque de courage ! »

« Un ou deux mois s'écoulèrent. Un dimanche, à trois heures de l'après-midi, nous reprenons contact par téléphone avec ma tante. Nous racontons notre vie. Je lui interdis de me parler du procès, chose qu'elle respecta. Elle me dit : « Ton cousin Adrien aimerait te connaître. »

« Je lui dis : " C'est génial ! " Mais je me vois mal venir le voir, moi, l'enfant qui ai condamné son grand-père. Finalement, je veux y aller et je m'occuperai de tout sur place… »

« Je vois ma cousine puis ma tante ; je passe un super week-end avec Emma et Adrien. Le dimanche, je demande à ma tante de me présenter un avocat et que c'était urgent ! »

« Aujourd'hui, je reviens vers vous, pour vous signer mes aveux, pour avouer mes tords et pour que, pour une fois, je puisse m'exprimer du fond de mon cœur en étant le plus franc possible. »

« Cela fait 11-12 ans que mon grand-père est sali, condamné… alors qu'aujourd'hui, je suis le seul coupable de cette histoire et je souhaiterais que, cette fois, on m'entende et même j'accepterai toutes les sanctions applicables à mon égard. J'ai fait une erreur quand j'étais enfant. Depuis, tous les jours, je la paye. Je ne peux plus me regarder dans un miroir. Je souffre ; je me déteste ; j'ai honte ; j'espère au fond pouvoir revoir mon grand-père et qu'il accepte de me pardonner. »

« Je vous supplie d'accorder sa libération. Je vous demande encore une fois de m'écouter. Pardonnez-moi et libérez mon grand-père, innocent et incarcéré à la Maison d'Arrêt de Grasse. »

LE MUR DU MENSONGE

Voilà Gabriel enfin débarassé de ce mensonge, ce mensonge d'un enfant malheureux, ce mensonge devenu par la stupidité ou l'incompétence de quelques adultes une affaire judiciaire.

Beaucoup le critiquent, le salissent, le condamnent. Le condamnent surtout ceux et celles qui l'ont encouragé, soutenu, encensé lorsqu'il accusait son grand-père. Ceux-là se sont détournés de lui, ne le regardent plus. Il est devenu le pestiféré, le diable. Il est surtout devenu le miroir qui leur renvoie leur image, leur véritable image qui n'est plus du tout celle de protecteurs d'enfants, de défenseurs du faible. La vérité toute crue leur fait mal ; elle est même insupportable pour la plupart. Ils continueront à répandre leurs doutes, leurs sarcasmes, à la première occasion, comme l'ont fait certains après l'affaire d'Outreau.

Quant à moi, je salue le courage de Gabriel, seul contre tous ceux qui l'assiégeaient, le maintenaient dans sa prison mensongère, seul contre son père, sa mère, sa famille maternelle, les juges d'instruction, les inspecteurs de police, les experts… contre toutes les instances judiciaires et policières. **Seul, il a franchi le mur du mensonge.**

Il faut dire que ce mur que Gabriel a renversé après avoir tant hésité était solidement bâti. Cela me fait penser à ce très beau film "Marguerite" dans lequel Catherine Frot joue le rôle d'une cantatrice qui chante faux sans s'en rendre compte. Autour d'elle se dresse peu à peu un mur, mur qui emprisonne la vérité et l'actrice elle-même pendant des années jusqu'au jour où le mur est renversé.

Gabriel a vécu une tragédie analogue. Il fut pris au piège par les médecins de Reims. Puis l'entourage familial, son avocat, les experts, les juges, les policiers vont monter un mur solide, étanche, l'emprisonnant dans son mensonge pendant des années.

Tout en le guidant, le conseillant, tout en faisant preuve à son égard de beaucoup de sollicitude, ils l'ont conduit à accuser un innocent et à maintenir son accusation contre son propre grand-père qu'il aimait et admirait tant. Ils ont joué le rôle du majordonne dans le film, ce sont eux les Méphistophélès. Gabriel est, certes, un personnage particulier, souvent affabulateur, facilement critiquable mais il est la victime d'une tragédie comme Marguerite l'a été. Marguerite ne s'en remettra pas. Gabriel ne s'en est pas encore remis.

QUATRIÈME INCARCÉRATION

NOUVELLE INCARCERATION A GRASSE

Malgré les déclarations de mon petit-fils, me voilà pour la quatrième fois détenue. Je retrouve le service isolement, une cellule au troisième étage et la cour de promenade de la Maison d'Arrêt de Grasse. Je connais bien les lieux ; l'accueil est moins froid que les autres fois. Tout le monde a suivi les derniers évènements me concernant et le sentiment général se résume dans cette phrase qu'un gardien de prison me lance à voix basse : *« J'avoue que je ne comprends plus la Justice. »*

Mes avocats se démènent pour obtenir rapidement une libération conditionnelle. Celle-ci est rejetée une nouvelle fois par le Parquet d'Aix.

Nice-Matin titre : **« L'hostilité renouvelée du parquet. »**

Le journaliste continue :

« Malgré la lettre de Gabriel transmise par son nouvel avocat, Me Luc Febbraro, et réitérant le souhait de voir son grand-père quitter l'univers carcéral.

Malgré les arguments développés à la barre par les conseils de Christian Iacono, Me Gérard Baudoux et Dominique Roméo qui ont une nouvelle fois plaidé "l'absence de troubles à l'ordre public, de risque de fuite à l'étranger d'un homme de 77 ans."

Je suis donc maintenu en prison. Gabriel ne tient plus en place et décide, pour se faire entendre, d'entamer une grève de la faim devant le Palais dc justice de Grasse. Il est rapidement reçu par le Procureur qui le rassure en lui affirmant que l'affaire sera traitée en urgence.

Finalement, comme l'écrit Nice-Matin, **le parquet jette le gant et je retrouve la liberté le 5 avril 2012.** Une liberté assortie de contraintes : interdiction de sortie du territoire national, versement d'une caution de 60 000 euros, interdiction de s'exprimer devant les médias… Je ne peux m'empêcher de juger ces mesures contraignantes comme une forme d'acharnement du Parquet d'Aix. Pour quelles raisons ? Me Febbraro disait déjà dans Nice-Matin du 14 février 2012 : *« Pour élargir Christian Iacono puis le réhabiliter, la justice va sans doute traîner les pieds. Question d'orgueil. Car si elle admet que Gabriel a menti, elle reconnaît avoir été baladée pendant des années. »*

Elle a été baladée parce qu'elle n'a pas voulu instruire à charge et à décharge, qu'elle n'a pas tenu compte des nombreux éléments qui prouvaient mon innocence complète. *« Ils croyaient tout ce que j'inventais »* a dit Gabriel. Les parents, les grands-parents maternels, les policiers, certains experts, les avocats de la partie civile, l'association Enfance et Partage, ce sont eux qui ont fait faire une grande balade à la Justice.

Je sors enfin de la prison de Grasse le 5 avril 2012 et retrouve ma famille, ma maison, ma ville, ma quasi-liberté ! Je retrouve la Vie !

LA RÉVISION DU PROCÈS

LA NOUVELLE ENQUETE

Suivant décision du 23 janvier 2012, la Commission de Révision des Condamnations Pénales avait ordonné un supplément d'information. Une enquête est menée par une petite équipe policière dirigée par le Brigadier Chef DAGUE Lydie, de l'Office Central pour la répression des violences aux personnes. L'enquête va durer un an. Tout est passé au crible. Gabriel est examiné par un expert psychiatre…

Les éléments du dossier de supplément d'information sont portés à ma connaissance le 22 janvier 2013.
Je constate que tous nos comptes bancaires ont été épluchés sur plusieurs années. **Et ainsi est confirmée l'absence de motivation familiale ou financière des rétractations de Gabriel.**

Sont révélés de **nouveaux éléments inconnus** par la juridiction qui m'avait condamné :

— les viols et attouchements sexuels subis par la mère de Gabriel par un de ses oncles, alors qu'elle était enfant.

— les accusations d'agression sexuelle portées par Gabriel dans le courant de l'année 2005 à l'encontre de l'un de ses camarades de classe, qui ont abouti à une décision de non-lieu.

— les doutes exprimés par Gabriel auprès de sa compagne de l'époque, sur la culpabilité de son grand-père, avant l'audience de jugement devant la Cour d'Appel des Bouches-du-Rhône en février 2011.

— l'existence d'une mesure d'assistance éducative ouverte à REIMS concernant Gabriel.

Toutes les données du dossier ont été analysées, comparées, datées selon les déclarations de l'enfant. Tout cela a été placé dans un ordinateur et examiné par un logiciel adapté. La réponse est claire : **les faits allégués sont irréalistes. Ils n'ont pu se produire.**

Les enquêteurs notent la réelle imprécision sur le déroulement des faits générant un doute sur l'origine même de la dénonciation.

Me Dominique Roméo établit, en se basant sur les éléments nouveaux, un mémoire remarquable de clarté, justifiant la révision du procès.

Bien entendu, **l'avocat général n'est pas de cet avis** et, dans son réquisitoire, il s'oppose à l'admission de la demande en révision présentée par mes conseils. Il soutient que Gabriel m'aurait accusé de manière détaillée, circonstanciée et invariable au cours des 11 années de procédure.

Qualifier d'invariables des déclarations qui n'ont cessé d'évoluer à chaque audition ! D'abord la salle de bains avec "le chat qui pousse la porte", les enregistrements audios, vidéos, le sexe normal, détendu, mamy présente, puis mamy absente, un "vieux monsieux" complice du grand-père, la villa aux deux piscines, à la meute de chiens, au coffret plein de billets de banque, puis le complice qui disparaît du scénario…

Comment un homme "honnête" peut-il soutenir que les déclarations faites par l'enfant sont "invariables" ?

L'avocat général affirme aussi que le fait que la mère de Gabriel ait reconnu avoir été victime d'agression sexuelle au sein de sa famille pendant son enfance est sans incidence sur l'examen du dossier. C'est donc ignorer complètement le **syndrome de Münchhausen par procuration. Comment s'autorise-t-on à analyser un dossier sans connaître à fond le sujet ?**

QUE DECIDE LA COUR DE REVISION ?

C'est aux magistrats de la Cour de Révision, après avoir entendu les deux parties, les enquêteurs, les experts, d'annoncer leur décision.

C'est ainsi que je me retrouve, le 18 février 2014 avec ma fille, Cécile, et mes avocats, sur les bancs du Palais de Justice de Paris, entouré d'une nuée de journalistes et de photographes. Le moment de vérité est-il arrivé ?

Comme je l'ai raconté dans les premières pages de mon récit, après une longue et anxieuse attente, les magistrats de la Cour de Révision annoncent l'annulation de ma condamnation et demandent la tenue d'un nouveau procès à Lyon.

La révision du procès est gagnée. La victoire se rapproche. **La vérité est en train de l'emporter sur le mensonge !**

Mais il faudra patienter encore plus d'un an pour que la vérité soit définitivement entendue et que mon acquittement soit proclamé.

LA PAGE EST TOURNEE A VENCE

Après cette décision, ma situation d'élu redevient meilleure. Je suis, à nouveau, un conseiller municipal libre de toute condamnation, présumé innocent, disponible, à la disposition des Vençois.

Il est cependant difficile pour moi de retrouver mon mandat de Maire. J'ai été remplacé par mon premier adjoint et les nouvelles habitudes sont prises. Comme disent certains de mes anciens colistiers, **la page est tournée**. Beaucoup de ceux ou celles que j'ai conduits à la victoire en 2008 se rapprochent de mon successeur. Ils ont choisi un nouveau leader pour affronter les électeurs dans un peu plus d'un an. Je constate que mon nom est peu à peu effacé dans l'historique des dossiers municipaux et que, de tant d'années d'actions pour la ville, il ne reste plus grand-chose dans la mémoire de certains de mes amis. J'ai un peu le sentiment d'être abandonné. J'en suis meurtri. Je peux ainsi vérifier, comme bien d'autres, que la conquête d'un pouvoir politique, quel qu'il soit, emporte tout, l'amitié, la fidélité, la lucidité.

Je décide donc de renoncer, la mort dans l'âme, à toute candidature municipale en 2014.

La présidente de mon comité de soutien, conseillère générale, annonce peu après sa candidature à la Mairie de Vence. Nous avons plusieurs entretiens sur le programme qu'elle va présenter. Il me convient. Je décide de lui apporter mon soutien, d'autant que nous avions travaillé ensemble lors d'un de mes précédents mandats et que j'avais pu apprécier ses qualités intellectuelles et sa sensibilité.

Pour être élue, elle dut s'associer au deuxième tour à un nouveau et jeune candidat. Ensemble, ils l'emportèrent.

Je ne sais si la gestion de la ville en tirera profit. Mais pour moi, il était essentiel de ne pas soutenir une attitude "immorale" en politique. C'est un principe fondamental que je m'étais promis de respecter en toute occasion.

LE PROCÈS DE LYON — LA LIGNE D'ARRIVÉE

Lundi 9 mars 2015, toute la famille m'accompagne au Palais de Justice de Lyon. Nous sommes optimistes, mais un peu stressés. Un procès en Cour d'Assises est toujours un moment exceptionnel, émouvant, quelquefois riche en rebondissements. Son issue comporte une part d'incertitude. Nous allons revivre à nouveau ces 15 années de souffrance, concentrées en 10 jours.

Je retiendrai de ces longs débats quelques moments forts : l'aveu de Gabriel de son mensonge pendant toutes ces années et sa demande de pardon ; les dépositions claires et précises des Professeurs Grimaud, Rautureau et du Dr. Ohayon exprimant leurs critiques des premières constatations médicales ; la longueur et la complexité des explications de certains psychologues ; le refus du père de Gabriel de répondre à mes questions ; la certitude affichée par l'enquêtrice désignée par la Cour de Révision du mensonge initial de Gabriel ; la "goutte de sang" comme preuve du mensonge…

Bref, l'issue devrait ne pas poser de problème. Mais l'avocat général surprend en exprimant des doutes sur mon innocence, en son âme et conscience, dit-il. Il ne demande cependant aucune condamnation. Une attitude pas très logique et peu cohérente qui témoigne de l'embarras du Parquet sur cette affaire, depuis son début.

Mes avocats, Me Baudoux et Me Roméo, n'auront aucun mal à contrer les "arguments" de l'Avocat Général et à demander mon acquittement.

Le Président me donne la parole pour clôturer ces dix jours d'audience. Je confirme avec fermeté et émotion ma totale innocence. La Cour se retire.

Je me retrouve seul sur mon banc, dans cette grande salle d'audience. Quatre ou cinq policiers jouent silencieusement sur leurs tablettes ou leurs portables. Je regarde périodiquement l'horloge ; les aiguilles avancent bien lentement. J'essaie de rester calme, mais ma tête bouillonne. Comment se passe la délibération ? Quelle est l'attitude du président dont l'influence sur le jury est essentielle ? Cela fait plus de deux heures que j'attends. L'inquiétude grandit peu à peu. Pourquoi tout ce temps ? On peut tout imaginer et j'imagine tout. Je me prépare à résister moralement à toute décision du jury, quelle qu'elle soit : rester debout, calme, la tête haute, ne pas verser la moindre larme.

Après environ trois heures, on entend du bruit en coulisses. Les portes de la salle d'audience sont à nouveau ouvertes. Le public entre et prend place. Jeanine et Cécile sont là. Mon frère aussi. On échange un petit sourire. Mes avocats me rejoignent sur le banc devant moi. Je ne peux m'empêcher de leur murmurer :

« Ce fut long ! Ce n'est pas bon signe ? »

« Non ! » me répond l'un d'eux, avec un soupir.

Le greffier annonce la Cour. Tout le monde se lève. Debout, je pose ma main sur le montant en bois devant moi et je redresse la tête, prêt à entendre le verdict, quel qu'il soit.

La Cour et le jury prennent place. Le Président s'assoit et d'une voix forte annonce :

À la question : *« Est-ce que Christian Iacono est coupable de viol sur la personne de son petit-fils, Gabriel ? »,* le jury a répondu : « ***Non*** ». Un frisson me parcourt. Je n'ai pas le temps de réaliser, car le Président continue.

À la question : *« Est-ce que Christian Iacono est coupable d'attouchements sexuels sur la personne de son petit-fils, Gabriel ? »,* le jury a répondu *:* « ***Non*** »

« Christian IACONO est acquitté. »

Je reste immobile, sans voix. J'ai du mal à réaliser que c'est fini. Fini l'univers judiciaire, le monde carcéral ! Fini de souffrir et de voir les miens souffrir ! Mes avocats se tournent vers moi avec un grand sourire. Je les embrasse. Je fais quelques pas vers le public et je vois mon frère, la tête baissée et sanglotant silencieusement. Je serre ma femme dans mes bras, ma fille… Je suis un peu perdu et je me répète en moi-même : *oui, c'est fini, bien fini.* Des inconnus me saluent, me félicitent. Les journalistes sont à la porte et m'attendent debout sur les grands escaliers, avec appareils photo et micro à la main. Certains entourent de près Gabriel à quelques mètres de là. Je me rapproche du groupe. **Tout le monde s'écarte et je peux, 15 ans après, prendre Gabriel dans mes bras et le serrer.** Ce n'est plus le petit gamin, au visage fin, aux yeux bleus. C'est un homme jeune que je serre contre moi. Je me dis et je lui dis : « *Ça y est, Gabriel, c'est fini !* » Je crois qu'il a, comme moi, du mal à réaliser que les années de souffrance, les blessures, les souillures, c'est fini.

La Vie a triomphé. La vérité l'a finalement emporté, mais que ce fut long et difficile.

Parce que ce fut si long et si difficile, je me dois de faire une analyse détaillée de l'affaire Iacono, pour essayer de comprendre comment la Justice a pu se fourvoyer et s'acharner avec autant de constance contre moi. Il me faut décortiquer chaque attitude, chaque démarche des protagonistes, non pas pour les montrer du doigt et les accabler, mais pour qu'ils mesurent bien leur responsabilité dans le déclenchement et la conduite de ce qui est une erreur judiciaire.

Ils ne seront pas jugés par leurs concitoyens. Ils ne connaitront pas l'univers carcéral. Ils ne feront pas les gros titres de tous les médias. Ils ne seront pas salis dans les réseaux sociaux. Non, ils continueront leur vie, comme par le passé, leur conscience en paix, diront-ils, penseront-ils !

Peut-être et c'est mon espoir, auront-ils quelques remords devant le gâchis humain dont ils sont responsables ? Peut-être, aussi, que la Justice saura tirer la leçon de cette affaire et fera en sorte que la confiance que chaque citoyen place en elle soit justifiée.

AUTOPSIE D'UNE ERREUR JUDICIAIRE

LA JUSTICE DEVANT L'ALLEGATION D'ABUS SEXUEL PAR UN MINEUR

Le doute profite à l'accusé, dit clairement le code pénal et le Président d'une Cour d'Assises le proclame aux jurés le premier jour de l'audience. Cette règle est toujours en vigueur. Mais la Justice semble faire une exception, une seule : lorsqu'elle a à juger une accusation faite par un mineur.

En effet, une accusation faite par un enfant peut ne s'accompagner d'aucun élément factuel. Si l'accusé ne passe pas aux aveux, le juge d'instruction ne sait comment conforter son dossier. Il fait état des rapports de psychologues et psychiatres. Ils n'ont rien de scientifiques ; ils sont en grande partie subjectifs.

Et en définitive, il oppose la parole de l'enfant à la parole de l'adulte avec un préjugé favorable pour l'enfant qui, pense-t-il, ne ment pas et qui paraît si fragile, si faible en face d'un adulte, surtout lorsque l'accusé est un notable, premier personnage de la cité, aux pouvoirs apparemment multiples.

Et pourtant une telle accusation doit être traitée comme n'importe quelle autre accusation, sans faiblesse pour l'accusé mais sans parti pris en faveur d'un enfant. Le combat contre la pédophilie est un combat majeur de société mais il ne doit pas être mené en oubliant les grands principes de Justice.

Écoutons par exemple la déclaration de Christian Guéry, doyen des juges d'instruction de Nice, en mai 2004, faite au Monde sous le titre « TOUS COUPABLES ».

226

« Coupables, certes et tout d'abord, des magistrats et des enquêteurs. D'oublier trop souvent, en matière d'abus sexuels commis contre les mineurs, qu'il existe des règles de preuve. Que pour mettre en examen, en détention, pour renvoyer quelqu'un devant une juridiction de jugement, pour condamner, il faut des indices, des charges, des preuves… Coupables de se donner bonne conscience en invoquant la pseudo-caution de l'expertise de crédibilité.

Coupables, des experts psychiatres et psychologues, de nous faire croire que la crédibilité de la parole de l'enfant induit la vérité de l'histoire… De deviner très facilement dans les dessins d'enfants des sexes masculins qui pourraient être des arbres… Coupables, des associations de victimes, de sacraliser la parole de l'enfant. Un enfant ne peut mentir. S'il est précis, c'est le signe que les faits sont vrais. S'il est imprécis, c'est qu'à son âge il est naturel de ne pas bien se repérer dans le temps et l'espace. »

C'est ainsi qu'un matin de juillet 2000, sans aucun autre élément qu'une déclaration fantaisiste d'un enfant, sans pièce à conviction, sans indice, sans charge, sans preuve, des policiers et un juge d'instruction se sont arrogés le droit d'arrêter un homme public, honorablement connu à Vence et sa région, n'ayant aucun antécédent, et de lui faire subir les humiliations d'une perquisition, d'une garde-à-vue, d'une incarcération… accompagnées, bien entendu, par les gros titres des médias.

Ce Juge d'Instruction, Christian Guéry, n'est pas le seul à mettre en garde la Justice contre de tels dysfonctionnements.

Ainsi après Outreau, la Commission présidée par Jean Olivier Viout, procureur général près la cour d'appel de Lyon, indiquait dans son rapport :

« Une enquête en matière de mœurs ne saurait se limiter de façon caricaturale (comme cela peut encore arriver) aux auditions respectives du plaignant et du mis en cause, d'une

éventuelle confrontation dans de mauvaises conditions matérielles et psychologiques, complétées par des expertises psychologiques ou psychiatriques dans le but d'accréditer la parole de l'un et de l'autre, car c'est un non-sens dans des dossiers complexes. Une investigation sur le contexte de la révélation et l'environnement dans lequel évoluent l'enfant et sa famille est indispensable. Doit également être vérifié si, au moment de son dévoilement, l'enfant se trouve au cœur d'un conflit entre adultes. Ainsi les conditions et les circonstances du dévoilement doivent être clairement exposées dès les premiers actes d'enquête. En effet, selon que la révélation est spontanée, secondaire ou rapportée, son impact en termes judiciaires sera perçu différemment. »

« L'expertise psychologique ou psychiatrique d'un mineur ne s'improvise pas et exige une formation adaptée. »

Voilà de belles paroles venues de sages, à la suite de procès qui ont fait la une des journaux et massacré la vie d'innocents.

De belles paroles, malheureusement peu entendues, des conseils pas toujours suivis, en particulier dans l'instruction de mon dossier.

Revenons sur ce que je considère comme les points défaillants du dossier.

Le contexte familial

Le contexte familial et psychologique de l'enfant, des parents et des grands-parents, n'a pas été pris en compte par les enquêteurs. Ils n'ont entendu qu'un seul "son de cloche". Pourquoi ? Surtout lorsque l'on sait que tous les spécialistes de la question insistent sur l'importance du contexte familial, de l'entourage, sur l'environnement psychologique et affectif de l'enfant.

L'ensemble du dossier doit être réexaminé sous cet éclairage, en n'oubliant pas que **"l'impact d'une fausse allégation déclarée** vraie est aussi nocif pour l'enfant que l'impact d'une allégation vraie déclarée fausse."

À peine âgé de 6-7 ans, Gabriel se trouvait au cœur de deux conflits majeurs.

Le premier était le divorce de ses parents ; ce divorce allait être prononcé en mars 2000, exactement au moment des premières allégations de Gabriel. Depuis 2 ans déjà, cet enfant ne supportait pas cette situation. Il le clamait haut et fort. Il n'acceptait pas la nouvelle épouse de son père : *« Elle m'a volé mon papa »,* nous répétait-il. Il s'est sauvé du nouveau foyer familial pour rejoindre sa mère. Son agitation était telle qu'il était suivi par un psychologue de ville qui a confirmé à plusieurs reprises que le divorce était l'origine de ses troubles de comportement.

Le second était un "conflit de loyauté". Mon fils, depuis son adolescence, s'est éloigné de moi en m'accablant peu à peu de tous les défauts du monde. Cette attitude est devenue une véritable rupture au moment de notre requête auprès du Tribunal de Reims pour conserver un droit de visite sur notre petit-fils. Or Gabriel était rempli d'admiration à mon égard, depuis qu'il m'avait vu remplir mes fonctions de Maire. Mais lorsqu'il retournait à Reims, il avait une version complètement différente du portrait de son grand-père. Comment concilier deux interprétations contradictoires de cette situation familiale ? Comment choisir lorsqu'on ne peut pas le faire ? Gabriel avait besoin à la fois de l'affection de son père et du lien fort avec moi, lien que son père n'acceptait pas et qu'il tentait de rompre. Il a été soumis pendant des années à ce paradoxe existentiel, à cette impasse. C'est une situation fréquente dans le cas de divorce avec "guerre" entre les époux. C'était le cas dans notre affaire entre mon fils et moi. Et c'était d'autant plus évident qu'une lettre du père de Gabriel qui m'était adressée, précisait bien que pour lui, **l'enfant était une "arme".** Les psychologues n'ont pas eu, je crois, connaissance de cette lettre et n'ont pas eu la curiosité de regarder de plus près le contexte familial.

Analyse critique du signalement et du certificat initial

« Je voudrais vous signaler pour sévices sexuels de la part de son grand-père paternel l'enfant Iacono Gabriel. »

Ainsi commence le signalement. **En affirmant ainsi la réalité d'un acte de sodomie 2 ou 3 ans après les faits allégués, le docteur DULIERE n'agit plus comme médecin, elle est devenue en quelques minutes, enquêtrice, policière et pourquoi pas Juge ?**

"Ce n'est pas au professionnel de la santé de juger de la crédibilité des informateurs, mais au milieu sociojudiciaire. Il faut éviter de prendre parti dans ces cas et se contenter de transmettre les données que l'on a recueillies." écrit le Professeur Labbé.[3]

Surtout que l'examen médical fait par le Dr Dulière n'est pas satisfaisant. Il est critiqué dès les premiers jours par le Dr Ohayon puis par les Professeurs Grimaud et Rautureau.

Le docteur Ohayon, dont l'avis est sollicité par la Police Judiciaire de Nice, le jour même de mon interpellation, le 10 juillet 2000, précise dans son rapport : *"La cicatrice n'est pas décrite et il est donc impossible de savoir s'il s'agit d'une cicatrice ancienne ou récente."*

En effet, le docteur Dulière ne date pas, même approximativement, les lésions. Or une cicatrice doit être datée en la qualifiant, au moins, de récente, 1/2 récente, ou ancienne.

De l'avis général, des lésions de la marge anale à la suite d'une sodomie sont rarissimes (5 % disent les statistiques). Mais

---

[3] Professeur titulaire Département de Pédiatrie de l'Université de Laval

surtout elles disparaissent sans laisser de trace en quelques semaines. Les faits allégués se seraient produits, selon les dires de Gabriel, plusieurs années avant ; ils ne peuvent donc en aucun cas être responsables de telles cicatrices ou fissures.

On ajoutera aux critiques de ce signalement que **l'examen clinique est incomplet** : le docteur Ohayon et le Professeur Grimaud notent dans leur rapport d'expertise : *"L'étude du réflexe cutané-anal n'a pas été faite, le toucher rectal, complété en cas de suspicion d'atteinte sphinctérienne d'une échographie endo-anale, n'a pas été pratiqué, ni suggéré. "*

Le guide Adams, référence mondiale en matière d'agressions sexuelles sur des mineurs, considère les fissures anales comme des lésions en rapport avec une constipation ou une irritation péri-anale et non comme des signes de sodomie.

En conclusion, on est en présence du cas typique d'une interprétation abusive. Le docteur Dulière a manqué de prudence et de discernement au moment du signalement et de la rédaction du certificat médical. Dans un contexte familial particulièrement conflictuel, elle s'est contentée d'un examen clinique sommaire de l'enfant, ne conseillant aucun examen de confirmation du diagnostic, ne laissant aucune porte ouverte à une discussion sur d'autres pathologies.

 Cette interprétation abusive et péremptoire a eu des conséquences particulièrement graves pour moi et toute ma famille.

Elle a décidé mon fils et ma belle-fille à porter plainte contre moi.

Ainsi la mère de Gabriel, Élisabeth, dans sa déposition initiale faite aux policiers, s'appuie sur les déclarations du Dr Dulière :

« Nous l'avons alors montré à une association de défense de l'enfance qui nous a conseillé de voir le Dr Dulière du CFLR de Reims. **Celle-ci a confirmé qu'il y avait deux cicatrices typiques**

de sodomie sur la marge anale et la psychologue a affirmé que l'enfant était crédible. »

Le mauvais recueil de la parole de Gabriel

Guy Bruneau (Responsable du perfectionnement professionnel à l'École nationale de Police du Québec) écrit en avant-propos du livre de Mireille Cyr "Recueillir la parole de l'enfant témoin ou victime" : *« Les défis et les enjeux sont considérables : quelles sont les meilleures pratiques, comment évaluer la crédibilité d'un enfant, car ne pas croire un enfant qui a été agressé ou croire un enfant qui ne l'aura pas été, aura des conséquences énormes pour tous ? Seul un travail minutieux et rigoureux axé sur les meilleures pratiques est susceptible de réconcilier la recherche de la vérité et le respect absolu de l'enfant. »*

J'ai pu mesurer au long de ces années de calvaire la justesse de cette déclaration.

La loi du 17 juin 1998 prévoit l'enregistrement vidéo du témoignage de l'enfant le plus rapidement possible après le dévoilement de violences sexuelles. Or, pendant près de 6 mois, du mois de janvier au mois de juin 2000, c'est la mère qui a recueilli les paroles de Gabriel, qui l'a questionné. Une mère naturellement inquiète, d'autant plus qu'elle a été la victime d'une agression sexuelle dans son enfance par son oncle, comme elle l'a reconnu au cours de l'enquête pour la Révision. Il est évident que les questions posées par la mère dans ces conditions ont été fortement suggestives. Gabriel a même évoqué au cours de son audition, l'époque de Sodome et Gomorrhe et la peine de mort subie par les agresseurs sexuels.

Ces nombreux interrogatoires pendant 6 mois par la mère et le père ont permis à l'enfant de mettre au point un scénario. Il va le répéter à toute la belle-famille par téléphone, à la demande de sa mère. Toujours à la demande de celle-ci, il le racontera à son psychologue habituel, puis à son père. Ensuite, il est interrogé par une psychologue de la cellule de Maltraitance de l'Hôpital Américain, puis par une inspectrice de la Police Judiciaire de Reims, puis par un inspecteur de la PJ de Nice, puis par les différents experts, puis par la Juge d'Instruction…

« Avec la répétition des entretiens, que ceux-ci soient faits en contexte formel ou non formel, les enfants peuvent confondre l'information qu'ils ont tirée de leur mémoire avec de nouvelles informations qu'ils ont pu apprendre pendant ces entretiens, notamment à la suite de questions suggestives ou de spéculation faite par l'interviewer. Ainsi, ils peuvent finir par incorporer des informations qui proviennent de réponses à des questions antérieures. » écrit le Professeur Labbé.

Bref, les modalités de recueil de la parole de Gabriel sont hautement critiquables : dévoilement retardé de six mois, répétition des interrogatoires formels et non formels, pas d'enregistrement vidéo, questions suggestives…

Des protocoles pour recueillir la parole de l'enfant ont été évalués dans des pays étrangers, aux Etats-Unis, au Canada, en Belgique, en Suisse (par exemple le protocole NICHD). Ils permettent d'interroger les enfants sans les contaminer par des suggestions ou des questions inopportunes. Même s'ils ne sont pas infaillibles, ils évitent un certain nombre d'erreurs. Pourquoi ne sont-ils pas appliqués en France ?

Comme l'écrit Mireille Cyr :

*« Les conséquences de ces fausses allégations pour le présumé agresseur sont graves et peuvent souvent **ruiner la vie d'une personne innocente**. Dans les cas impliquant des divorces, des séparations ou des **conflits au sujet du droit de garde,** les probabilités de faire face à des allégations non fondées sont très fortes. **Un travail rigoureux d'analyse de tous les éléments disponibles, une audition de très haute qualité et un travail d'enquête reposant sur des hypothèses multiples sont toujours requis pour démêler le vrai du faux. »***

LES DYSFONCTIONNEMENTS DANS L'INSTRUCTI-ON DU DOSSIER

Je suis interpellé le lundi 10 juillet 2000, à 9 heures en Mairie de Vence.

Ma villa est perquisitionnée. Aucun indice suspect n'est découvert dans toute la maison ni sur mon ordinateur. Les policiers se contenteront de deux exemplaires anciens du Monde qui traînent dans ma chambre. Dans un dossier, ils saisiront un article d'un philosophe commentant l'affaire Dutroux. Mon ordinateur est passé à la moulinette par un service spécialisé. Il ne contient aucune photo ou vidéo suspecte de pédophilie. Toutes les cassettes de famille, de vacances, d'enregistrement de films sont visonnées. Aucune n'est saisie.

Les inspecteurs ne retrouvent pas les objets signalés par Gabriel : un magnétophone, une caméra de surveillance, des cassettes…

Cécile, ma fille, leur apporte une lettre de Philippe, son frère, père de l'enfant accusateur. Cette lettre m'est adressée. Elle contient une menace clairement exprimée contre moi en utilisant **l'enfant comme une arme.**

Au cours de nos interrogatoires, à la caserne Auvare, toute la famille nie farouchement avoir le moindre doute sur l'existence d'une agression sexuelle contre Gabriel, pendant les quelques jours qu'il passait chaque été à Vence.

Le Dr. Ohayon, médecin légiste, consulté sur le signalement fait à Reims, émet des critiques et suggère des examens complémentaires.

Malgré tout ces éléments négatifs, le Juge d'Instruction prend la décision, à la demande du procureur, de m'incarcérer immédiatement. Et en 24 heures je me retrouve dans une cellule de la Maison d'Arrêt de Grasse, me demandant ce qui m'arrive. Je ne comprends toujours pas cette décision de la justice, sa brutalité, son intérêt pour l'analyse du dossier.

Je ne sais s'il n'y a, dans l'histoire judiciaire récente, une décision d'une telle violence.

Une mise en examen aurait été amplement suffisante. Elle aurait permis au Juge d'Instruction de pratiquer une enquête préalable et contradictoire : vérifier les "lésions anales", entendre l'enfant avec enregistrement vidéo, analyser le "conflit familial", confronter parents et grands-parents… tout en m'imposant les contraintes habituelles : pas de contact avec l'enfant, maintien dans la région…

Tout cela aurait pu être fait avec une certaine discrétion, comme c'est le cas habituellement.

Alors pourquoi cette précipitation, cette brutalité dans la décision qui expose à tous les médias de France un Maire, "violeur d'enfant".

Car, pour le grand public, incarcérer immédiatement l'accusé, signifie qu'il est déjà reconnu coupable, que la police a toutes les preuves contre lui.

Comme l'a dit mon avocate au moment de ma comparution devant le Juge d'Instruction : « *Si vous décidez d'incarcérer ce soir Monsieur Iacono, sachez, Monsieur le Juge, que vous le tuez civilement, socialement, politiquement.* »

J'ajouterai aujourd'hui avec le recul : « *Et vous allez détruire aussi un enfant, Monsieur le Juge, il s'appelle Gabriel, il a de grands yeux bleus, il ne demande qu'à vivre et vous allez **l'emprisonner lui aussi, dans son mensonge.*** »

Il faudra 15 ans de souffrance, Monsieur le Juge, pour corriger votre décision d'un soir de juillet 2000. J'écris "corriger" et non pas "effacer" car les conséquences d'une telle décision ne disparaissent jamais complétement. »

L'accusé n'est entendu qu'une seule fois sur le fond du dossier

235

C'est important qu'un accusé soit entendu à plusieurs reprises. Je n'ai été convoqué par la Juge d'Instruction pour parler **du dossier, sur le fond**, qu'une seule fois. C'était par la Juge Vella le 23 octobre 2002, soit plus de 2 ans après le dépôt de plainte ! Je pensais qu'un homme accusé d'un crime avec risque d'une condamnation à 20 ans de prison, serait reçu régulièrement par le Juge d'Instruction, une fois par an par exemple. Ainsi le Juge peut revenir sur les détails de l'affaire, varier les questions, vérifier par des recoupements que l'accusé ne se contredit pas et se faire une opinion personnelle de l'homme qui est en face de lui.

La procédure n'est pas contradictoire

Le signalement est fait par le Dr Dulière dans le cadre de la Cellule de Maltraitance de l'Hôpital de Reims. Le Juge demande un examen plus complet des lésions anales de l'enfant, à la suite des doutes que j'ai pu exprimer sur l'interprétation de ces lésions dès le premier jour de ma garde à vue et confirmés par le rapport du docteur Ohayon. Or il fait pratiquer cet examen par le Dr Digeon, responsable de la même Cellule de Maltraitance de l'Hôpital de Reims. Cette cellule fonctionne avec seulement deux praticiens hospitaliers, d'ailleurs sans titre particulier d'experts en la matière, les docteurs Dulière et Digeon. Bien entendu, le médecin responsable de la Cellule de Maltraitance confirmera le diagnostic fait par sa collègue. Il faudra attendre plusieurs années pour qu'un examen véritablement contradictoire soit fait et qu'il puisse confirmer les doutes et les critiques des examens initiaux.

En matière de justice, ne pas utiliser une procédure contradictoire, c'est ne pas respecter un principe sacré. C'est instruire uniquement à charge. C'est oublier la balance et ses deux plateaux en équilibre. C'est tout simplement une faute professionnelle.

Chacun doit bien mesurer la gravité du défaut du caractère contradictoire d'une procédure pénale. Car, tous les intervenants, magistrats, experts, enquêteurs, parents, sont alors trompés puisque les faits sont qualifiés de certains. Rectifier tout cela pendant l'audience de la Cour d'Assises ne sera pas une mince affaire. Lourde, difficile et parfois impossible tâche pour les avocats de la défense !

Pour obtenir une analyse contradictoire de l'examen médical initial, je dus me battre, tenir bon, patienter plusieurs années. J'ai toujours présentes à la mémoire les paroles violentes de la Juge d'Instruction qui ne voulait pas faire cette contre-expertise. J'ai pu garder, en face de cette agressivité, mon calme et répondre à sa violence verbale par des arguments médicaux. J'obtins enfin satisfaction. Ce sont les Professeurs Grimaud et Rautureau qui apportèrent la contradiction. Malgré leur réputation, leur expérience, ils ne furent pas suivis par la Justice et je fus condamné à 9 ans de réclusion sur la base d'un simple examen clinique combien critiquable. J'ai souvent pensé à ces malheureux qui n'ont pu se défendre parce que l'enquête n'a pas été contradictoire, "à charge et à décharge", comme l'on dit, et qui passent leurs jours et leurs nuits dans des centres de détention. Et je préviens ceux qui pensent que cela ne peut jamais leur arriver parce qu'ils sont irréprochables. Moi aussi, je suis irréprochable, moi aussi je n'aurais jamais imaginé être inquiété par une telle accusation, or j'ai failli finir ma vie en prison !

On peut comprendre que faire une enquête contradictoire est difficile, complexe ; que cela va prendre du temps et les Juges d'Instruction sont débordés ; qu'il va falloir explorer sérieusement d'autres pistes sans être certain d'aboutir à un dossier présentable en Cour d'Assises.

Il est plus rapide, plus "rentable" de ne rechercher que les éléments à charge et de clôturer le dossier en pensant : *"Après tout, c'est le jury populaire qui décidera "*.

La responsabilité des parents

Le Professeur Bensussan a parfaitement décrit dans son livre *"La dictature de l'émotion"*, l'impact de l'allégation d'abus sexuel faite par un enfant à ses parents. On comprend facilement le choc émotionnel, la perte de lucidité, le désarroi, la colère, le besoin de punir le coupable, le dépôt d'une plainte auprès du procureur, la poursuite judiciaire. Tout cela est humain et même excusable. Entièrement excusable ?

La mère de Gabriel a été entendue plusieurs fois par la Justice pendant l'instruction et par les différentes Cours d'Assises. Jamais elle ne dit que son fils a accusé un de ses amis pensionnaires d'agressions sexuelles, qu'il y a eu une enquête, qu'elle s'est terminée par un non-lieu. Pourquoi n'en parle-t-elle pas ? Il est certain que les jurys auraient été intéressés de savoir que Gabriel avait dénoncé, outre son grand-père, outre un soi-disant complice reconnu innocent, une troisième personne. Cela fait trois allégations d'abus sexuel en peu de temps, ce qui montre la facilité de cet enfant à "inventer" de tels scénarios. Cela aurait enlevé beaucoup de crédibilité aux déclarations de Gabriel. Les experts auraient-ils fait les mêmes rapports s'ils avaient été tenus au courant. L'affaire aurait-elle suivi la même voie ?

La Justice a appris au moment de l'enquête sur la Révision, par une amie de la mère de Gabriel, que celle-ci avait subi des agressions sexuelles lorsqu'elle était enfant, au sein de sa famille. Interrogée par la police chargée de l'enquête, elle l'avouera facilement. Il est regrettable que ce fait, apparemment connu des proches, ne soit jamais parvenu à la connaissance de la Justice. En effet, l'hypothèse d'un **syndrome de Münchhausen par procuration** aurait été alors soulevée et les psychiatres interrogés dans ce sens par les Juges auraient pu confirmer ou infirmer cette hypothèse. Un tel syndrome, évoqué dans le cadre d'agressions sexuelles, est maintenant connu.

Caroline Rey dans son livre *"Maltraitance à enfants et adolescents"* le rappelle et l'associe **avec la possibilité de fausses allégations** (p.65).

Enfin, même si l'on peut comprendre la colère et la frustration de la mère, apprenant la rétractation de Gabriel, son instinct biologique aurait dû l'emporter. C'est tout de même une bonne nouvelle pour une mère d'apprendre que son fils n'a subi aucun viol. Cela n'a pas été le cas chez elle.

Le père de Gabriel a également une responsabilité dans la constitution de ce véritable piège du mensonge dans lequel est tombé son fils. En effet, par sa fonction de médecin, par ses relations professionnelles, par ses lectures, il avait la possibilité d'émettre des doutes sur la solidité de l'examen médical initial. Un simple examen clinique, l'absence d'examens complémentaires, le défaut de datation, les critiques du Dr Ohayon, auraient dû le faire douter. Il était probablement sous l'effet de "la dictature de l'émotion." Mais après ce moment du dévoilement, le bon sens aurait pu corriger ses premières impressions et lui permettre une analyse objective des éléments médicaux. Cela n'a pas été le cas tout au long de ces 15 années de calvaire, malgré les contre-expertises des Professeurs Grimaud et Rautureau et malgré la rétractation de son fils. Je comprends combien il est difficile pour lui d'admettre, comme l'a fait la Justice, qu'il a peut-être été trompé par les conclusions des premiers médecins de Reims. C'est une démarche difficile qui demande beaucoup de courage et de maîtrise de soi. Et pourtant, il ne retrouvera la paix de l'âme qu'à ce prix.

Une enquête policière à charge

En ce mois de juillet 2000, au moment de mon interpellation en Mairie, j'étais convaincu de l'honnêteté intellectuelle des inspecteurs de la police judiciaire de Nice, convaincu qu'ils feraient preuve d'objectivité, d'impartialité. En effet, mes fonctions municipales, mes antécédents de professionnel de la santé, ma réputation de sportif, l'absence de toute autre plainte, le caractère complètement rocambolesque des allégations de Gabriel, tout cela, me semblait-il, ferait qu'ils comprendraient bien vite qu'ils avaient affaire à un problème familial et que j'étais complètement innocent de cette accusation infâme !

Malheureusement, je compris rapidement que les inspecteurs de la Police Judiciaire ne traitaient pas ce dossier avec un regard objectif, neutre, distancié. Tout ce que mon épouse, ma fille et moi-même leur racontions sur nos problèmes familiaux ne semblait pas les intéresser. Cécile leur montra, dès le premier jour, une des lettres du père de Gabriel, me menaçant clairement de me faire la guerre en utilisant l'enfant comme une arme. La lettre fut mise sous scellés et on n'en parla plus. Ils ne prirent pas en compte les témoignages de ceux et celles présentes pendant les séjours de Gabriel à Vence. Lorsque celui-ci inventa un second scénario complètement fantaisiste, impliquant un pseudo-complice, ils "marchèrent", plus, ils "coururent", pensant probablement qu'ils allaient mettre la main sur un réseau de pédophiles. Nous avons assisté, impuissants, à ces gesticulations policières dans toutes les directions : visite de nombreuses villas de Vence, des agences immobilières, des clubs de golf, mises sur écoute téléphonique, filatures… Quelle débauche d'énergie ! Combien d'argent gaspillé qui aurait pu être mieux employé !

Par contre, ces mêmes inspecteurs de la Police Judiciaire de Nice n'ont pas l'idée de faire une petite enquête sur l'environnement familial de l'enfant accusateur, ce qui est pourtant un principe de base dans le cas d'allégation d'abus sexuel par un mineur. Dommage, car ils auraient appris et fait savoir à la Justice que Gabriel avait récidivé à Reims en dénonçant un camarade de classe et que l'enquête s'était terminée par un non-lieu. Le jury aurait été intéressé d'apprendre que Gabriel présentait une grande propension à se considérer victime d'abuseurs sexuels et aurait vu sous un autre éclairage son accusation contre son grand-père. Cette affaire à Reims n'était pas secrète ; elle a entraîné une instruction sérieuse, des auditions multiples, avant d'aboutir à un non-lieu. Comment comprendre le silence de ces policiers ? Ou bien les inspecteurs niçois n'étaient pas au courant de cette nouvelle affaire et méritent-ils le qualificatif d'enquêteurs. Ou bien ils l'ont su et ne l'ont pas fait savoir et alors, on est dans un cas d'une dissimulation pénale.

Comment comprendre le silence de l'enquête sur les antécédents d'agression sexuelle de la mère de Gabriel ? Apparemment, il s'agissait d'un fait connu des proches et Élisabteh l'a avoué facilement. Ne pensez-vous pas que les experts psychologues et psychiatres auraient été intéressés par cette situation qui permettait d'étudier la possibilité **d'un syndrome de Münchhausen par procuration**, diagnostic qui m'aurait innocenté et aurait permis un traitement de l'enfant et de la mère ?

Difficile de les comprendre, car ce sont des policiers de bonne réputation, expérimentés. Comment se fourvoyer pendant près de 15 ans dans une si mauvaise piste et devenir responsables d'un tel drame qui touche toute une famille d'innocents ?

Difficile de comprendre comment Gabriel a pu reconnaître mon soi-disant complice sur un album de photos, alors que nous savons de façon certaine que ce monsieur ne pouvait avoir rencontré l'enfant.

Difficile de comprendre pourquoi les réunions hebdomadaires dans la villa des grands-parents maternels n'ont pas fait l'objet d'une enquête…

Beaucoup d'interrogations sont restées sans réponse.

Manifestement, l'obsession des policiers était simplement de prouver ma culpabilité et d'obtenir ma condamnation. Il leur fallait donc confirmer tout ce que disait l'enfant, même si cela relevait de la plus haute fantaisie et n'était confirmé par aucun élément factuel. J'ai découvert à travers leurs actions, leurs démarches, leurs déclarations, des policiers complètement convaincus du résultat avant même d'avoir commencé à travailler sur le dossier. Pensaient-ils avoir l'intuition juste, le flair inné ? Comme des "chiens policiers", ils reniflent le coupable. Ils savent d'abord. Ils cherchent ensuite, mais ils cherchent non plus la vérité, mais la preuve que leur flair ne les a pas trompés.

Au terme de toutes ces démarches et gesticulations, quels éléments de preuve finalement les inspecteurs de la PJ de Nice versaient-ils au dossier ? Il n'y en avait pas. Alors ils firent appel à leurs impressions, comme ils l'avaient fait dès la garde-à-vue : *« J'ai bien réfléchi toute la nuit et je suis convaincu que vous êtes coupable. Vous n'avez pas d'empathie pour l'enfant ! D'ailleurs, votre femme et vous, êtes des monstres d'insensibilité ! »*

Dix ans après, ils avanceront à la barre le même argument pour expliquer les raisons qui leur font croire à ma culpabilité : *« Il n'a pas manifesté d'empathie pour l'enfant. »*

Inspecteurs, si vous saviez combien nous sommes sensibles aux enfants, mon épouse et moi-même, combien nous avons été touchés par la souffrance de ce gamin depuis des années. C'est même cette trop grande sensibilité qui a provoqué le conflit familial. Pensez-vous qu'un innocent accusé à tort par un enfant devrait se répandre en larmes et en excuses ? Je ne sais comment vous faites chez vous. Mais chez nous, lorsqu'un enfant ment, il est grondé ou puni. On ne l'entoure pas de caresses en lui faisant comprendre : *« Comme tu as bien fait de mentir! »*

Inspecteurs, vous n'êtes pas psychologues, alors laissez aux psychologues le soin d'examiner la psychologie de l'accusé. Chacun son métier. Contentez-vous du vôtre et faites-le bien. Et lorsque l'enquête que vous avez menée pendant des mois est négative, dites-le, simplement, franchement. Reconnaître ses erreurs, c'est aussi une façon de montrer son courage et sa lucidité. C'est moins glorieux que de se présenter dans les médias comme un pourfendeur des méchants, des malhonnêtes, des brigands et des assassins, comme un "grand flic" dirait "Nice-Matin". Moins glorieux mais plus honnête !

LA SOUILLURE D'UN INNOCENT

« Vous êtes accusé d'agression sexuelle sur votre petit-fils ! »

Ça y est ! L'inspecteur vient de me lancer cette saleté à la face. La plus horrible saleté, l'accusation monstrueuse, dégradante. Je serais, je pourrais être un violeur d'enfants. Moi qui ai passé une partie de ma vie professionnelle à soigner des enfants, qui les ai toujours respectés, qui n'ai pu supporter de les voir souffrir lorsqu'ils étaient atteints de cancer. Moi qui ai la larme à l'œil devant tout enfant maltraité....

Depuis cette seconde, je porte collée à la peau cette salissure immonde, comme une de ces horreurs que l'on voit quelquefois dans les films pour impressionner le spectateur.

Il m'arrive d'oublier cette salissure, mais elle, elle ne m'oublie pas.

Elle se rappelle à moi, chaque jour, chaque nuit, chaque nuit surtout, car c'est souvent la nuit qu'elle me réveille et m'empêche de retrouver le sommeil.

Penser que je puisse être coupable d'un tel acte, c'est la pire insulte que l'on puisse me faire, **c'est détruire en quelques secondes toutes mes années d'homme, c'est même me nier comme être humain.** Combien de fois ai-je eu envie de crier, de hurler « Mais vous êtes fous !». « Ouvrez les yeux !» « Comment pourrais je faire un tel acte ? » La question ne devrait même pas se poser. J'en serais totalement incapable. C'est inimaginable !

Mais l'accusation a été lancéc ct la Justice s'en ait emparée. Alors la saleté monstrueuse est maintenant collée à moi et elle n'a pas l'intention de m'abandonner. Elle a pénétré dans mon être, elle a diffusé dans mes neurones.

Il y a des moments où je crois avoir arraché un morceau de la bête. Par exemple lorsque je reçois un nouveau message d'un ami, d'un inconnu, un message de confiance, un message de réconfort, d'amitié… J'ai la larme à l'œil. J'oublie un moment la souillure. Et puis la Justice vous rappelle bien vite que ce n'est pas fini. 15 ans, cela fait 15 ans que je porte cette horreur qui me salit. Une horreur contre laquelle je me sens désarmé. Une horreur que certains ne se privent pas d'encourager. Une horreur qui aurait dû me tuer. Une horreur homicide !

15 ans plus tard, même si l'issue est favorable et même si cette accusation n'est plus qu'une erreur judiciaire, la salissure, elle, restera collée à moi jusqu'à la fin de mes jours.

Comment l'éliminer, s'en expliquer complètement ? Ce sera difficile me dit-on; une telle blessure de l'âme ne se soigne pas avec des médicaments. Comment oublier l'humiliation, la souillure de toutes ces années ? Comment faire taire la rage rentrée contre la Justice et les responsables d'un tel forfait ? Peut-on oublier ? Peut-on pardonner ?

Car « souiller » un innocent, c'est le salir, le déshonorer, profaner ses valeurs, son âme. C'est verser sur lui un tombereau d'excréments, de déjections, c'est annihiler tout ce qui donnait sens à sa vie. C'est le bannir de la société. On peut le traiter de menteur, de violent, de facho, de dictateur. Et cela sans courir le moindre risque de poursuites judiciaires puisque les « souilleurs » défendent un enfant et que l'enfant est un être sacré, incapable de mensonge.

Et puis ils sont nombreux les responsables de l'erreur. Chacun, un tout petit peu responsable. Donc impossible de les poursuivre tous et puis comment mesurer la part de responsabilité de chacun ?

Ainsi le père de G., mon propre fils qui me voue une haine féroce depuis son adolescence sans qu'il ait pu en donner les raisons. Quelle belle occasion de montrer au monde entier, l'image d'un père abject ! Et ainsi de justifier sa haine : « vous voyez combien j'avais raison de détester mon paternel ! »

Ainsi la mère de G. ma belle-fille, qui a reconnu avoir été violée dans son enfance dans sa propre famille ! Comment ne serait-elle pas particulièrement soupçonneuse pour son fils ? Comment lui reprocher ses multiples interrogatoires de l'enfant qui ont servi de base initiale à la fausse allégation ?

Ainsi ces deux médecins de Reims qui venaient de créer une « cellule de maltraitance » pour mieux accueillir, mieux traiter les enfants victimes d'agression sexuelle, quelle lourde part de responsabilité ont-elles eue en qualifiant deux fissures anales de fissures spécifiques de sodomie et n'ont pas jugé utile de pratiquer une échographie !

Ainsi cette policière de Reims qui aide involontairement l'enfant par des questions fermées à « construire » et « enrichir » son scénario fantaisiste.

Et ces psychologues qui n'ont pas encore compris que leurs observations ne sont pas des faits de science et qu'il serait bon qu'ils complètent leur formation professionnelle initiale par les acquis des dernières années concernant la mémoire et la suggestibilité de l'enfant, ne sont-ils pas eux aussi un peu responsables ?

Et cette Juge d'Instruction qui auditionne G. deux ans après la plainte lorsque l'on sait l'importance de l'audition initiale et qui laisse ensuite l'enfant mener l'entretien.

Ainsi également les policiers de la PJ niçoise qui n'instruisent qu'à charge, un bandeau devant les yeux devant des évidences comme l'innocence du soi-disant complice, ou « oubliant » un dossier de même type ouvert à Reims à la suite d'une fausse accusation de G. !

Et puis l'avocat de G. qui le conseille adroitement afin d'émouvoir les jurés ! Et l'avocate de l'association Enfance et Partage, plus militante féministe que soucieuse de la vérité !

Oui, tous et toutes ont une part de responsabilité dans la « souillure d'un innocent ». Quelles que soient leurs motivations, leurs « excuses », leur responsabilité est engagée. Ils devraient avoir à répondre de leur attitude, de leur démarche, de leurs actions.

Il y a aussi le jury populaire, belle conquête démocratique de la Révolution, mais que le gouvernement de Vichy adapta pour le rendre plus souple, plus compréhensif de l'intérêt général, en y incorporant le Président de la Cour d'Assises.

Alors qui juge réellement ? Qui fait le verdict ? Les jurés ou le président ? On me dira « les deux ». Mais entre un président qui connait parfaitement un dossier qu'il a eu le temps d'examiner dans les moindres détails et des jurés qui n'ont que des déclarations de témoins et d'experts dans un dossier particulièrement complexe mêlant des paroles d'enfant, des termes médicaux contradictoires, des rapports de psychologues difficilement interprétables, qui l'emportera ? Certainement l'opinion du président.

Et puis il y a les anonymes pour qui **« il n'y a pas de fumée sans feu »** ou ceux qui, comme l'écrit R. Rolland, ont des **« âmes de pourceaux qui goûtent une volupté à se rouler dans l'ordure »**. Je les ignore et les laisse se vautrer dans les détritus et les déjections.

Par contre, je n'oublierai jamais les autres, nombreux, qui m'ont connu comme médecin, comme Maire, comme sportif, comme ami.

Leurs messages par milliers, leurs gestes amicaux, leur réconfort, leurs témoignages. Je n'avais imaginé une telle sensibilité, une telle compassion, une telle solidarité.

Vous êtes la dignité et l'honneur de notre humanité.

C'est par vous et pour vous que je suis encore là

EPILOGUE

J'ai été acquitté définitivement par la Cour d'Appel de Lyon. Nous nous sommes retrouvés, Gabriel et moi. Le petit gamin aux yeux bleus est devenu un homme de 25 ans, père de famille.

Il m'a demandé pardon, je le lui ai accordé. Comment ne pas pardonner un mensonge d'enfant ? Comment ne pas lui donner une nouvelle chance de construire une vie d'homme, de bâtir la famille dont il rêve depuis son plus jeune âge ?

Alors, pourquoi ce récit ?

Pour refaire l'histoire ? On ne refait pas l'histoire. On ne refait pas le match, disent les passionnés de foot. Si, on le fait et on le refait, quand on fait du sport, afin que les erreurs qui ont fait perdre ne se reproduisent plus. À la Justice de refaire le match, son match et, la prochaine fois, de ne plus faire d'erreur, de faire triompher le vrai, le juste, ce qui est la noblesse de sa mission.

Pour essayer d'oublier ? D'oublier l'univers carcéral, les angoisses des audiences d'assises, l'attente des parloirs, la souffrance des miens, les larmes d'Adrien et d'Emma, les salissures, les injures répandues contre moi sur le web, la perte injuste de la mairie, la trahison de certains de mes amis du conseil municipal, l'abandon de mes projets pour la ville ?

Je sais maintenant que rien ne sera oublié.

La Vie est là, encore là, avec ses jours heureux et ses jours malheureux, pour quelques années pour moi, pour de nombreuses et longues années, je l'espère, pour Gabriel. Alors, au diable les mauvais souvenirs !

Et comme l'écrivait mon ami Bernard, le soir de ma libération de la prison de Nice :

« En avant la vie ! »